ATARAXIA!

Raíces y sombras

Cuentos, poemas y gritos de deseo, luz, muerte y rebelión

XSANZK
a-taraxia.org

NARRACIONES Y POEMAS

ATARAXIA!

Primera Edición (Raíces y Sombras) – Junio 2025.
Versión B/N

Editado en Santiago, Chile.

Agradecimientos y Dedicatoria

A aquellos que, en el viaje de la vida, se convirtieron en un faro inquebrantable en medio de la tormenta, iluminando las noches más oscuras.

A mi familia, los pilares inamovibles que, con paciencia infinita, nunca dejaron de caminar a mi lado—en silencio o en voz alta—sabiendo que las huellas en el camino no siempre son rectas.

A quienes me brindaron su luz pura sin pedir nada a cambio, guiando mis pasos con dulzura incluso cuando no supe hacia dónde iba.

Y a ti, mi amada, cuyas manos sagradas nunca soltaron las mías, incluso en el abismo más profundo, y cuyos ojos, sin hablar, supieron las palabras que mi corazón aún no podía pronunciar.

A todos aquellos que, a su manera única, me ofrecieron la libertad de ser yo mismo—sin presiones, sin cadenas.

A ustedes, mi eterno agradecimiento.

ATARAXIA!

- ADVERTENCIA DE CONTENIDO -

Este libro contiene contenido emocionalmente intenso, incluyendo **referencias al suicidio, muerte, abuso, duelo, violencia sexual, crisis psicológicas, trauma erótico y desesperación existencial**. Algunas escenas **pueden ser gráficas o profundamente perturbadoras.**

"ATARAXIA!" no es solo un libro: es un descenso y un ascenso, una confesión sin permiso. Fue escrito para explorar los extremos de la condición humana: **la rabia, el silencio, el abismo** y los destellos de luz. Algunas de sus páginas sangran. Otras consuelan. Todas exigen honestidad.

Si estás atravesando algo difícil, **recuerda: no estás solo.** No hay vergüenza en necesitar ayuda, ni debilidad en hacer una pausa. Al final de este libro encontrarás una lista de recursos de apoyo y líneas de ayuda disponibles en distintos países.

Lee con cuidado. Sáltate lo que necesites. Vuelve cuando estés listo.

Este libro no te juzgará.
Yo tampoco.

– XSANZK

ATARAXIA!

ÍNDICE

Para quien haya sentido alguna vez que no pertenece,
que ha buscado su lugar en medio del ruido,
y aún no se ha rendido.

Este libro es para ti.

— XSANZK

ATARAXIA!

I.   PRÓLOGO

Este libro nació en la grieta de un espejo roto.

Durante quince años lo llevé dentro, como una cicatriz muda que sangraba versos en lugar de secreción. Ataraxia no es una respuesta. Es el rastro de un animal herido que se niega a morir en la jaula del silencio. Una voz que araña el mármol de las noches sin nombre. Un puñal envuelto en papel de carne.

Lo escribí con las uñas llenas de tierra, arañando palabras en los muros de ciudades que ya no existen, como si el poema fuera un acto de supervivencia. Aquí no hay profetas. Ni discípulos. Solo ecos:

— El aullido de un cuervo que aprendió a reír en los tejados de la memoria.
— Las sílabas robadas a las noches en que confundí mi sombra con la de un fugitivo que jamás volvió de su propio exilio.
— El gemido de un pozo seco donde alguien dejó caer un diccionario de lenguas muertas.

No busques maestros en estas páginas. Los fantasmas que las habitan son ladrones de tumbas ajenas:

— El que escribía cartas al vacío y firmaba con un seudónimo de ceniza.
— La que danzaba con cuchillos y creía que las heridas eran puertas.
— El que vendió su sombra por una maldición en verso y luego olvidó cómo llorar.

¿Qué es la ataraxia?
Una trampa para cazadores de espejismos. La calma que arde. El ojo del huracán donde el alma se da cuenta de que la paz más peligrosa es la que no se puede nombrar.

Este libro huele a polvo de caminos que no llevan a ninguna parte. A raíces de árboles que crecen en cementerios clandestinos. A la saliva seca de quien intentó morder la luna y solo consiguió partirse los dientes.

Ábrelo como quien levanta una losa con las manos desnudas. Aquí yacen todas mis versiones:

— El niño que leía mapas al revés buscando una salida que no existía.
— El adolescente que talló sus miedos en la corteza de un árbol que ya no recuerda su nombre.
— El hombre que aprendió a beber silencio de pozos abandonados.

Pizarnik me enseñó que el poema es un cuchillo sin mango.
Poe, que los muertos no descansan si no dejan un cuento por escribir.
Baudelaire, que la belleza puede oler a carne podrida.
Vallejo, que a veces lloramos por heridas que no son nuestras.
Y Rulfo, que el eco de los muertos es más real que el de los vivos.
Ellos no me influyeron: me leyeron desde el otro lado.
Este libro fue mi forma de responder.

Si encuentras tus propias heridas en estas páginas, no es casualidad. Este libro es un espejo sin dueño. Un mapa de cicatrices ajenas. Un puñal prestado.

Úsalo para cortar las cuerdas que atan tu alma a los dogmas del miedo.
O quémalo en un ritual al amanecer, mientras recitas un verso que solo entienden los lobos.

Yo escribí esto porque morirse no fue suficiente.
Tú léelo como quieras.
O como necesites.
Lo demás... es silencio.

— XSANZK
En el año en que el desierto devoró su propio nombre

FULGOR

II.   FULGOR

Un destello sin nombre,
quema la calma.
Espejos rotos reflejan,
lo que en silencio arde.

1. CAMINOS

Me tumbo en la cama y cierro los ojos
para sentir aquella brisa imaginaria,
para perderme en la imagen perpetua de tu rostro
y entregarme a las caricias de tu risa,
en aquel paisaje donde a veces fuimos uno,
donde el mar tocaba tu nombre
junto a la más hermosa de las melodías,
y el sol rozaba aquel oleaje danzante
en eternas y suaves caricias.

Donde el aroma de aquellos bosques
y aquel color profundo del mar
hacían indemnes los parajes,
mientras los arrayanes danzaban eternos
al compás de aquellas nubes negras
que vistieron el cielo de esa hermosa ciudad
donde perdí tantas veces por ti el aliento.

Y la noche llegaba lenta, mas, se hacía eterna en nuestro camino,
y la lluvia, avergonzada, se presentaba suave y tímida,
como mis caricias sutiles y lejanas,
como tus besos imaginarios e imposibles,
como aquel andar errante e impredecible
que decidimos recorrer juntos,
como si fuéramos aferrados de las manos.

Y mi alma se sobrecoge en el recuerdo,
por la belleza de aquel paisaje eterno,
por tu cálida compañía,
por el olvido de lo existente,
por la suavidad de tus suspiros.

Y vuelvo a recordar la brisa, y a oír aquella lejana melodía
que en arenas negras y frías meció mi sueño,
mientras los queltehues recitaban, junto al oleaje,
tu nombre... la más bella de las poesías.

Y me entrego al recuerdo de la ilusión,
al espejismo eterno del mar abierto,
a aquella brisa que ya no olvido,
como la imagen perpetua de tu rostro,
como tu alma, hermosa, libre y confundida,
tan parecida a mis suspiros,
tan diferente a mis adentros,
cómo unidos por algo desconocido
que no tiene nombre ni tiempo,
como aquel bosque lejano,
como tu dulce compañía,
como aquella brisa del recuerdo,
como tus ojos grandes y negros.

~ ✦ ~

2. TÚ

Te miré sin tocarte.
Te quise sin decirlo.
Y aun así, algo en ti me respondió.

~ ✦ ~

3. VÉRTICE

Te amé en la intersección del destino,
donde las órbitas de nuestras almas
se entrelazaron en un instante eterno
que Allah escribió en la Noche del Decreto.

Fuimos superposición de nostalgias,
paradoja que existió sin existir,
como dos partículas en mundos ajenos
que vibraron por un instante, al mismo latido,
en tres corazones distintos.

Y cuando el azar —que nunca es azar— colapsó el deseo
en el vértice perfecto de lo imposible,
entendí que aferrarse a tu sombra
era negar la sabiduría de Su designio.

Allah sabe que en mi pecho
el amor florece como campos infinitos,
y cada noche te sueño en un destino que nunca fue nuestro,
donde todo fluye tan diferente
que me engaña al parecer que pudo ser lo que no fue.

Mas Su voluntad decidió distancias
que no hay certeza que pueda desmentir.

Así, entre lo oculto y lo tangible,
acepto ser esa probabilidad jamás azarosa
que nunca fue certeza en tu destino,
pero que en cada súplica sigue viva,

como el alma insuflada
y los latidos que descansaron al compás de mis latidos.

Porque amarte fue un decreto bendito,
y dejarte libre, una lección de fe,
a la cual me entrego,
sabiendo que en el orden de los mundos
mi anhelo descansa en la quietud de Su poder.

Solo espero verte en la espera tras la muerte,
y que en ese Paraíso nuestras almas coincidan
y esta vez podamos ser.

~ ✦ ~

4. PIEL

No sé cómo decir esto sin romper algo,
porque lo que siento no quema la piel,
pero sí lo que hay debajo.

ATARAXIA!

Te he mirado muchas veces
sin desear poseerte,
y sin embargo,
te he deseado como nunca he deseado a nadie.

No por tus labios,
ni por la forma en que caminas,
sino por la manera en que existes
cuando crees que nadie te está viendo.

Tu voz me habita,
Tus palabras me encienden,
y me despiertan.

Y es ese despertar lento
lo que se vuelve insaciable.

No vine a reclamar tu piel.
Vine a encontrarme contigo
en ese lugar secreto
donde solo llega quien no tiene prisa.

Pero ahora lo sé.
Lo que siento por ti no es tenue,
no es casto,
no es platónico.

¡No!
Es un resplandor que aprendió a esperar.
Es hambre educada,
es deseo que solo arde cuando se le permite
arder de verdad.

Y si alguna vez te dejas poseer,
no será para desaparecer.
Será para descubrirte.

Descubrirte auténtica,
profunda,
irrepetible,
en el vasto y tumultuoso universo de tu ser.

5. RESPUESTA

Pensabas que no te veía,
pero yo también te miraba en los márgenes.
En tus pausas,
en la forma en que callabas cuando todos hablaban.
Yo también te vi.

No me buscabas con los ojos,
pero tu alma tropezaba con la mía cada vez que entrabas.
Y yo fingía indiferencia,
sin saber si encender
lo que aún dormía.

Pensabas que no te deseaba,
que lo que entre nosotros flotaba era ternura sin cuerpo.
Pero no.
Era deseo…
deseo esperando a sentirse seguro.

Porque no todos merecen lo que soy desnuda.
No del cuerpo,
sino de la esencia.

Y tú entraste,
como quien no quiere herir nada,
como quien sabe que lo sagrado se pisa descalzo.

Y por eso,
por lo que antes guardaba…

Ven.
Tócame sin apuro.
Hazme verdad, como prometiste.

Pero recuerda:
esto que despiertas no se apaga.

Lo nuestro no será un destello fugaz.
Será llama lenta,
calor constante,

y cada noche,
volverá a brillar.

Pero no siempre en la misma forma.
No siempre en la misma dirección.
Porque lo que despiertas es una llama que no se somete,
ni a un solo momento.
Es una llama que arde libre, sin ser contenida.

~ ✦ ~

6. PIERNAS

Cuando te veo y me acerco,
el olor húmedo de tu cuello
hierve en mis colmillos y en mis adentros.
El calor se cuela en mi espalda,
y mi otro yo se libera entre los vientos violentos.

El deseo se pierde entre tus pechos,
como mis manos en tus piernas,
mientras te aprieto, suave, el cuello,
susurrando en tu oído, con mi lengua,
cada uno de mis secretos.

Nuestras miradas eternas
se pierden en la tormenta de latidos
que aprisionan la sangre contra la carne,
que estremece tus adentros,
tus vísceras y mi pecho,
y hace vibrar, por tus labios, los más húmedos gemidos.

Entre risas, llanto y gritos
que erizan mi piel.

Y mi saliva, cautiva, que no conoce otros labios,
se sigue derramando por mi lengua
hacia tus rincones sedientos,
mientras siento el dulce sabor de tus adentros
palpitando en mis papilas.

Ay, cómo deseo morder tu cuello,
oler tu sudor, tu sangre y tus fluidos etéreos,
y amarrarte, con aquellos nudos complacientes:
tus pechos, tu vientre y tus caderas,
mientras saboreo de tus piernas y tu carne
el dulzor de tu deseo y tus falaces lamentos.

~ ✦ ~

7. RAULÍES

La brisa acaricia danzante las hojas de los raulíes,
sumidos en una eterna y suave melodía,
mientras tu cuerpo, retenido entre mis brazos,
se ha entregado casi desnudo en aquel atisbo de oscuridad.

Tus uñas rasguñan mi espalda,
y en mi alma encendida solo escucho tu nombre,
mientras de tus húmedos labios
brota, jadeante,
la más bella de las melodías.

Tus ojos verdes, oscurecidos,
tu pelo acariciando tus pechos,
mis manos...
apretando suavemente tu cuello.

¿Acaso, alguna vez, he deseado algo más?

~ ✦ ~

8. NOCHE

Fue la noche más bella.
La oscuridad, la luna oculta tras aquellas nubes que insinuaban lluvia.
Tus manos en mi rostro,
la mirada perdida en el sueño que desvelaban mis párpados,
disolutos en el encanto,
cuando decidiste silenciar mi voz con tus labios.

ATARAXIA!

Fue la noche más bella.
La razón se perdió entre los pasos del alma.
Yo callaba,
mis manos temblaban,
tu mirada vencía a la mía en cada instante...
Olvidé al mundo entero y sus agonías...
Eras tú, eras tú,
y yo perdido entre tus manos.

Ya no hacían falta aquellos mundos infinitos,
ni aquellos cielos que parecían eternos,
ya que me llevaste más allá,
donde nunca había ido.

ATARAXIA!

Tu aliento es abismo que roza mis ansias
tu aroma un veneno que invita a cuerme,

tu piel es el templo de todas mis ansias.

No puedo teneme,

no quiero soltarme, no intento esconderme,
te arranco del mundo con solo quererme.

Quién hizo tus curvas tan llenas de furia?

9. MUERTE

La tomé en mis brazos y la llevé bajo el frío esplendor de la luna,
y suavemente, deslicé mis labios por su cuello.

—¿Qué haces? —me preguntó.
—Te acaricio... ¿Oíste hablar de la vida mortal, dolorosa, fría?
¿Sientes el suave palpitar de tu pecho?
—Sí... siento mis latidos, y el frío de tus manos... y de mi alma.
—Si pudiese revelarte cada uno de mis secretos... Si lo hiciese... ¿vendrías
conmigo?
—Quizás...

Pareciese que la luna se ocultó.
En escasos segundos, ella se hallaba dormida entre mis brazos,
al menos eso me decían sus ojos, perdidos tras el dulce universo de sus
párpados.

La luna ya estaba sobre nosotros.
Su pecho dejó de agitarse.
Debió despertar...

Una luz nació en lo alto de los cielos.
Un suspiro cercano expiró.

—Qué acariciante sueño he vivido... ¿Qué hago en este lugar? ¿Dónde me
llevas?
—Un sueño... ha sido más que un sueño. ¿Has oído hablar de los ángeles?
Te llevo a la eternidad.

10. LUNA

Ella se encontraba perdida en un frondoso bosque,
donde solo el ruido de los altos árboles balanceando suavemente sus hojas
dejaba oír algo dentro de una absoluta soledad.

Sus pies desnudos eran acariciados por el pasto tierno,
mientras su cuerpo era abrazado por una suave brisa,
en una noche iluminada por estrellas infinitas
y una luna carmesí que se ocultaba entre los árboles.

Allí había llegado en un momento de agobio,
arrancando de una monotonía monstruosa,
que había transformado en gris cada rincón de su vida
y había vuelto prescindible todo lo que la rodeaba:
su iluminada ciudad, su casa vacía, su soledad.

Despojándose de todo, caminó hasta que la última luz de su ciudad
desapareció desvaneciéndose en la nada.
Luego entró en el espeso bosque y caminó,
siguiendo el sonido de un riachuelo,
mientras de fondo se oían algunos murmullos lejanos
y unas risas que desaparecieron en la oscuridad.

Así estuvo dos días, deambulando sin destino,
bebiendo lo mínimo y evitando comer.

La tercera noche, ya cansada,
luego de contemplar el cielo, se sentó,
y ocultando su rostro entre sus manos,
se entregó a los designios del destino.

Creyendo encontrar una muerte segura,
oyó una voz cálida que le pidió mirarlo a los ojos.
Era un *ifrit*,
un *ifrit* que sabía de dolor y soledad.

El *ifrit* le pidió que lo siguiera,
y tomándola de las manos, la llevó bajo la luz de la luna.
Ella, asustada, lo siguió sin decir nada.

ATARAXIA!

Allí, el *ifrit* le dijo que,
bajo artilugios de épocas pasadas
y magias aprendidas por *djinnats* de parajes lejanos,
le ayudaría,
para que el tormento del vacío liberara su alma.

Pero le advirtió que el precio por liberarla debía pagarse dos veces:
uno ahora, cambiando su forma humana,
y otro cuando él lo decidiera,
transformándola en su esclava, jamás compañera.

Ella se durmió.
Despertó la siguiente noche bajo una cálida lluvia y caminó.
Caminó de regreso a su ciudad,
hasta que ya dentro de sus frías calles
se encontró con un hombre de mediana edad
que también caminaba solo,
con la mirada perdida y con un dolor
que arrastraba en sus pasos.

Él la miró y sonrió.
La recogió entre sus brazos y le dijo:
—Te llamaré Denisse. Nunca había visto una gatita tan hermosa
y con unos ojos miel tan profundos.

La llevó a su casa y la hizo su compañera.
Nunca le puso collar,
pues en ella contemplaba la libertad.

Y aunque la gata salía y a veces se perdía durante el día,
por la noche volvía
y se acurrucaba sobre sus piernas,
mientras él, en su profundo insomnio y melancolía, le leía.

Miraban la lluvia desde la ventana,
y en las tardes de sol paseaban por los parques,
a través de la sombra de los árboles.

Aun así, ella veía una tristeza en él que no pasaba.
Porque aunque la gente iba y venía,

aunque por los días sonreía,
en sus adentros había algo que lo desgarraba.

La gatita, cuando veía esa melancolía,
acercaba su cuerpo,
lo rasguñaba suavemente
y le ronroneaba.

Mas la agudeza de la agonía de su amo
se hacía cada día más evidente,
y parecía que nada podría terminar con ella.

La gatita un día salió.
Pasaron varias noches sin que volviera.
A la tercera noche, el hombre, preocupado,
comenzó a buscarla por las oscuras calles,
hasta que, luego de varias horas,
oyó el maullar desolado de Denisse.

Lo siguió hasta salir de la ciudad.
Desesperado por la pérdida de su única compañera
y con la mente exhausta,
se adentró en el bosque hasta llegar a un claro.

Allí estaba la gatita, bajo la luz de la luna.
Al lado de ella, había un *ifrit*.

Él, tembloroso, caminó hasta tomarla entre sus manos,
diciendo:
—Ángel o demonio, déjame ir con ella o, si no, mátame,
y cumple el anhelo que tanto he deseado
y no me he atrevido a hacer por mí mismo.

El *ifrit* apretó la garganta del hombre
hasta que cayó inconsciente.
Tomó a la gatita, la acarició y le dijo:
—¿Al fin has vuelto a sentir?

Y la dejó también moribunda.

ATARAXIA!

A la noche siguiente, despertaron ambos:
él, hambriento y sediento;
ella, nuevamente como mujer,
desnuda y acurrucada sobre las piernas de él.

Se miraron a los ojos.
Él afirmó con fuerza las manos de ella con una mano,
y con la otra la acercó a su cuello, ahorcándola suavemente.

No fue necesario decir su nombre.
Él sabía quién era.
De su boca brotaron los suspiros más dulces.

Y así estuvieron, como detenidos en el tiempo,
cuarenta días, en los que solo fueron noches.
No hubo dolor, sed, frío, hambre ni soledad.

El último día llegó, y el *ifrit* regresó a cobrar su segundo pago.
Le dio tiempo a Denisse para despedirse.

Ella, sin murmurar una palabra,
miró a los ojos a aquel hombre,
a quien deseó y amó tan profundamente,
y por quien el vacío se había ido para siempre.

Él entendió.

Ella besó su cuello y bajó con sus labios
hasta la muñeca derecha del hombre,
y lo mordió suavemente hasta que comenzó a sangrar.
Con sus uñas, cortó verticalmente su vena
y luego lo besó como un adiós eterno que no era necesario decir.

Ella, en su hermosa desnudez,
se dejó poseer por el *ifrit*
para luego desaparecer en la oscuridad.

El hombre sonrió.
Hubo ataraxia,
silencio,
paz.

11. ALBETRA

Los demonios susurran a través de grandes bloques de arena,
y el alma se rinde a la brisa caliente,
mientras nos perdemos
en este paraje infernal,

cuyo aire acaricia como si fuera paraíso.
Nuestros labios, sedientos,
absorben el eco seco del olvido.
Un territorio desbordado de demonios
y de susurros infinitos
que nos arrastran a un universo oculto,
a un mundo que ya hemos perdido:
nuestra propia y olvidada humanidad.

El burro —testigo inocente—
oyó el susurro del demonio
en aquella casa donde los antiguos
invocaban a *djinnats* y *ifrits*,
bajo techos ennegrecidos por siglos de plegarias.
Dioses arruinados por una civilización agotada.

Yo no oí lo que oyó el burro,
pero el *djinn* arrastró sus uñas por mi espalda,
y la sangre invisible, seca y fría,
corrió desde mi cuello hasta mi pierna
como una promesa que jamás debí aceptar.

En esta tierra mística,
de demonios malditos,
de *djinnats* errantes,
de miedo,
de desvaríos,
de recuerdos que ya no son nuestros,

cuando solo éramos
la tierra,
el aire,
el agua,
la muerte,

y la vida aún no nacida en tu vientre,

y todo estaba envuelto en un estado perpetuo
de libertad,
somnolencia,
magia
y paz.

~ ✦ ~

12. SOLEDAD

Desperté embriagado de un dulce sopor.
Creí sentir sus manos,
creí oír su voz.
Y entre nuestras palabras confusas,
recordé el paisaje que se formaba en sus labios
como un suspiro contenido entre sueños.

Mordí los míos,
desesperado,
intentando no escuchar
aquella voz que, suave y temblorosa,
me llamaba a volver.

Mi mente, traicionera,
una vez más tejía fantasmas...
Su muerte —nunca del todo aceptada—
se escondía tras los pliegues de mi memoria,
jugando con mis noches,
mi cordura,
mi sombra.

Esa voz,
ni suya ni mía,
repetía su nombre con una dulzura insoportable.
La oía sin poder detenerla.
Pero de ella ya no quedaba nada,
salvo esta tribulación espectral
y el dolor de no haber sabido olvidar.

Mis ojos se llenaban de humedad,
mis labios ardían y sangraban.
Y me preguntaba,
en medio del insomnio:
¿queda algo de ella más allá
de este recuerdo de su agonía ausente?

—Sí —me respondí,
enterrando el rostro en la almohada—.

De ella me quedan unos versos,
el eco luminoso de su vida,
y aquel cuento que le había dedicado...

~ ✦ ~

13. ILUSIÓN

Me he visto despertar
con tus labios acariciando mis labios.
Tus lágrimas rozaban mi cuello...

Me sentí herido, traicionado... y lo sabías.
¿Lo sabías?

Y sangras,
mientras contemplo mis caricias
secando tus ojos.

Nos hemos envuelto entre besos,
tu cuerpo y mis manos,
tus labios palpitando en los míos,
un suspiro sombrío,
un espectro penetrando mi alma,
un recuerdo... una luz.

Pero mis ojos ya no se humedecen.
Hemos aprendido del error.
Y el error somos nosotros:
humanos, tardíos, imperfectos,
trastornados por el afán del deseo y el dolor.

Cómplices y culpables:
tú, por llevarme hacia tus deseos;
yo, por dejarme caer en ellos,
olvidando todo.

Y quizás merezcamos morir.
Pero no te detengas.
No dejes de respirar en mi cuello,
que no dejaré atrás
tus húmedos suspiros.

~ ✦ ~

14. SUEÑOS

Sin desearlo, arrebataste mi tranquilidad,
rompiste mi sosiego,
me arrojaste contigo a un abismo
de silencio y oscuridad.

Volviste mi alma turbulenta,
me arrebataste el último atisbo de paz,
perdiéndome en mis ánimos
y en el espejismo de todo aquello que no es.

Y aunque confunda mis ánimos con mis miedos,
y aunque en la oscuridad me sienta absorbido
por mis oníricos deseos,
y aunque el insomnio potencie mi cansancio,
aunque me sobresalte y me duela...

Cierro mis ojos y aprieto mis manos
para que mi mente me atrape
y divague libremente
en las caricias de tu risa,
en el dulce eco de tu voz,
entregándome, al fin,
al fugaz sueño de todo aquello que no es.

Y cuando mi mente somnolienta

se envuelve en tu recuerdo,
y cuando olvido todo...

Entonces abandono mi tranquilidad
y la paz engañada de este mundo,
y me pierdo en aquellos sueños
de todo aquello que no es,
y me deshago de la imposibilidad,
y te tomo de las manos,
y huyo contigo de mí mismo,
y me hundo indemne en este sueño
donde siempre el final es diferente...

Donde solo estás tú... y tu risa...
la brisa lejana de tus besos,
aquellos roces imposibles de tu piel...
aquellos suspiros que de tus labios jamás sentiré...

Y aunque sé que en algún momento despertaré,
hoy perezco sonriente,
pues sé que mañana nuevamente moriré,
y entonces...
nos encontraremos otra vez.

~ ✦ ~

15. UN CUENTO FELIZ

Un cuento feliz para dormir,
con mi cabeza en la almohada,
tu voz suave y cálida,
como si en cada frase
me abrazaras.

Los pájaros vuelan.
El mar danza.
Mis ojos se cierran,
con mis labios húmedos
y mis manos dibujando en tus caderas.

El mar danza.

Los pájaros vuelan.
Y tú, atrapada,
con mis manos en tus muñecas.

Anti qad sahartini bi ghanā'ik
Shahwa... āhat...

Mis ojos se cierran.
Los pájaros vuelan.
El mar en calma.
Y al fin me duermo,
con tus uñas afiladas en mi espalda,
y mis manos húmedas entre tus piernas.

~ ✦ ~

16. LUZ DE LA MAÑANA

Eres la luz del alba que irrumpe, tímida,
en una noche de profunda oscuridad.
Eres el despertar tras una terrible pesadilla,
el alivio de mis heridas
y la calma de mi ansiedad.

La verdad:
eres todo, menos mi tranquilidad.

Eres la cura y la causa de mis agonías,
la musa de mis desvelos,
la sangre brillante de mis heridas,
y el terror de mis pensamientos más profundos.

Eres todo,
menos la luz de mi destino.
Eres todo lo opuesto a mi tranquilidad.

Llego como un invitado inesperado
a una mesa ya servida,
y me siento a devorar mi cordura,
mientras me desangras con ternura
y me destruyo con desprecio.

ATARAXIA!

Me dejas absorto.
Y no entiendo:
de mi vida no eres sino todo lo opuesto.

Te necesito y me detesto.
Te busco y me impaciento,
al pensar que en mi vida
no he hecho más que esperar
¡que algo cambie de repente!
y libere mis ansias ya dormidas.

Como si el flujo infinito del destino
fuera a despertar aquella versión de mí mismo
en la que, al fin, soy suficiente
a tus expectativas inciertas
y a tus susurros evasivos.

Pero me olvidas... y me olvido.

Y me encierro otra vez en mí mismo,
esperando alguna señal.
Me confundes.
Y solo entiendo
que eres todo lo incierto en mi destino,
que eres todo lo opuesto a mi paz.

Pero tus piernas en mi cuello,
tu mirada penetrante,
y tus labios sedientos de sangre
no me dejan despertar del trance.

Tus gemidos hipnóticos,
en mi pensamiento constante,
solo me preparan para lo inevitable:

cuando al fin muerda tus labios,
mientras sujeto tus muñecas,
y saboree, con todas las papilas de mi lengua,
el sabor de tu saliva, tu piel y tu carne.

ATARAXIA!

Y me entregue al destino desconocido
que transciende mi voluntad,
mi anhelo
y mi sed insaciable.

CAOS

III. CAOS

En el grito del viento,
la mente se desvanece.
Las piezas caen,
y en su caída, hallamos el ser,

mientras escucho: "venganza".

ATARAXIA!

1. RESISTENCIA

No nos matan en silencio.
Nos matan en vivo,
a pantalla dividida,
mientras el mundo bosteza con el estómago lleno
y el alma seca.

Nos matan con excusas.
Con pólvora bendecida,
con fuego "inteligente"
que atraviesa cunas,
vientres,
y cuadernos escritos con manos temblorosas.

Nos llaman escudos.
Nos llaman números.
Nos llaman error colateral.
Pero no.
Somos carne.
Somos historia.
Somos los hijos del olivo que no se arranca.

Aquí, en Gaza,
cada piedra tiene nombre,
cada escombro es tumba y testamento,
y cada niño que aún respira
es una declaración de guerra contra el olvido.

No tenemos tanques.
No tenemos cielo.
Solo campamentos y lágrimas,
y una voluntad que no se rinde
ni siquiera bajo los escombros.

Nos cortan la luz,
y encendemos las estrellas.
Nos secan el agua,
y bebemos resistencia.
Nos roban la tierra,
pero no nuestras raíces.

ATARAXIA!

Gritamos con gargantas abiertas,
aunque nos arranquen las lenguas.
Rezamos con las manos al cielo,
aunque nos quiten los minaretes.
Cargamos a nuestros muertos,
y seguimos marchando.

Porque nuestros muertos están vivos,
esperando por nosotros,
en la claridad que solo conocen los que murieron firmes,
sin arrodillarse,
con el *takbir* en los labios
y la dignidad en el pecho.

Porque resistir aquí
no es una opción,
es un verbo heredado,
una oración tallada en piedra,
una promesa en los ojos de nuestros hijos.

Y si caemos,
no lo haremos solos.
Caerá con nosotros la mentira.
Caerá la arrogancia.
Caerá la máscara de quienes miraron
y no dijeron nada.

Somos Gaza.
Somos Palestina.
Y mientras quede un pecho latiendo,
una abuela contando,
un niño dibujando el mar en el muro roto de su casa,
seguiremos.

Porque nuestra muerte no es el final.
Es la semilla.
Y esta tierra,
aunque arrasada,
sabe cómo florecer en medio de la sangre.

2. ¡YA UMMAH!

¿Hasta cuándo el silencio?
¿Hasta cuándo el comercio con los que profanan nuestras tumbas
y levantan muros sobre nuestras mezquitas?

¡Oh, pueblos árabes!
¡Oh, naciones musulmanas!

No vendan a sus hermanos por petróleo, tratados o migajas.
No abracen al opresor con una mano
y con la otra acaricien la vergüenza.

¡Levántense!
¡Sientan el ardor en sus gargantas!
Que cada niño sepultado con una bandera
es un *ayat* que les grita desde la tierra.

¡Que no los paralice el miedo!
¡Que no los corrompa el oro!

El fuego ya ha llegado a nuestras puertas.
Y si no luchan con nosotros,
arderá también en las suyas.

Unan sus filas,
cierren los portones del deshonor,
abran los caminos hacia la Verdad.

¡No hay más tiempo!
La sangre clama,
los mártires miran,
y Allah es Testigo.

3. CASTIGO

¿No es la muerte sino el fin de la vanidad?
Porque, aunque altos estandartes cuelguen
y grandes monumentos sean levantados,
aunque por unos días una multitud te llore,

la muerte te arrastrará
lejos de tus riquezas y posesiones,
de tus hijos y tus amantes,
del cuerpo que hoy cuidas
y de cada una de tus acciones.

Tu tumba se llenará de polvo,
y tu cuerpo será desmembrado desde dentro.
Y mientras los necrófagos consumen tus entrañas,
tus hijos llamarán "padre" a otros hombres,
y tus amantes morderán otros labios.

Tu nombre será olvidado,
excepto por la olvidada y miserable lápida.

Y la riqueza, por la que tanto daño hiciste,
será entregada a otras manos.
Las propiedades que tanto amaste
serán vendidas a un precio miserable.

Y de ti no quedará nada,
excepto un recuerdo nauseabundo
de tus actos
y de tu maldad.

Por eso, pierde toda esperanza,
y abandona ya esa sonrisa,
mientras se entumecen los pies con los que, con desprecio,
pisoteaste nuestros cuellos.

Porque, aunque ahogues la garganta a gritos,
aunque quiebres tus uñas rasguñando el suelo,
te arrastro
donde tu dinero

y la posición de la que te jactas
no te podrán ayudar más
que tus cómplices…
ya muertos.

~ X ~

4. POETA

"He vuelto desde mis odas a las cebollas. No sé por qué."
(fragmento apócrifo)

El poeta de mi tierra, mientras miraba el mar,
lloraba en sus canciones.
Escribía en prosa la maravilla
de sus tantas mujeres,
y en sus más laureados libros
añoraba, a través de sus versos,
las más típicas comidas.

Pero en la paz de mi alma,
digo hoy,
al hombre detrás de esos versos:

¡Ay!
Cuánto te detesto.

5. IMPULSOS

Lanzar al suelo cualquier cosa mía,
enterrar mi rabia en su pecho.
Matarla una y otra vez.
Huir una y otra vez.
Tomarte de rehén, y amarrarte bien las manos.
Llenar de moscas sus bocas ya podridas.
¡Y por el desprecio! Lanzarme al abismo.

Gritar en un puente todo aquello que no es comprensible.
Librarme de las ataduras de mi alma:
a punta de autoflagelo y condescendencia.
Romper cada botón de mi camisa.
Mirarte sin correr la mirada...
...ahorcarte en la horca de los que danzan,
allá donde, en lo profundo, dijo el poeta:
"el sacerdote del infierno los abrasa,
tirando de su negra corbata".

Amarrarles bien las manos.
Ahogarlas con un beso.
Rasguñar bien sus pechos.
Y dejarlas en el frío: sedientas,
moribundas en deseo,
como Ninfas desdichadas.
Solas.
Grises y amarillas.

Matar al demonio que, a mi lado, sin tregua, se agita.
Sin ahogarlo como Baudelaire en el alcohol —
vicio maldito de los débiles...
¡Matar al demonio que me acecha!
Que flota como un aire impalpable.

Y abandone yo, entonces, el amor por tu arte,
y le rechace entre las piernas
de sus famélicas y malditas seductoras,
amarrado, inconsciente,
mi mente cual prisionera
a las ataduras de mi conciencia.

ATARAXIA!

Comportarme como ladrón,
como un mendigo de lo que guardo.
Matar, a despojo, todo lo que odio
de sus almas,
de su carne en cautiverio,
¡de su sociedad enferma!

Como reunidos en una piara nauseabunda,
mientras Natura, avergonzada,
despide sus últimos suspiros.

¡Malditos!

Cruzar las calles con los ojos cerrados.
¡No callar más!
Y seguir, eterno, aferrado de sus manos,
mientras la luz rasgada entra con aroma a cerezas
y me ve,
babeando el amor,
en búsqueda de la araña
que se arrastra a besos, perdida,
dentro de tu blusa,
y entierra su veneno, jadeante,
en tus —sediento yo— pechos.

Abrir las camas de mármol; eternas, impenetrables,
donde Cerberus es al fin olvidado,
con sus ojos E: blancos,
y su hálito como dos botones A: rojos,
como aquel soldado recostado
que descansó, abrazado por la naturaleza,
para siempre.

Accionar aquella alarma contra incendios
en un piso 24,
para que todos aquellos esclavos,
sumidos en sus grises espasmos,
recuerden, por un breve momento,
mientras escapan impávidos de un fuego sofocante
(inexistente como sus vidas),

que no son dioses. ¡Jamás inmortales!
Y desconecten su cerebro adormecido
de su intestino infestado de giardias.

No silenciar más, con mi mente, su lengua monserga e inteligente.
Cerrarles la puerta en la cara.
¡Mi mente está divagando!
...permíteme perderme tranquilo en el ocaso...
y liberar las ataduras de la cordura,
en el *Maelstrom* de mis pensamientos
(allí donde tantos han muerto...),
que arrastran mis sentimientos hirviendo,
ahogados en mi propio hastío.

Enterrar, sin aviso,
mi afilada lengua entre tus piernas,
mientras quiebras, elásticas, tus caderas,
sedientas de miradas y aprobación.
¡Oprobio el mío, a tu insolente belleza!
De golpes cortantes y dolorosos,
por placer de lo impalpable.

Como cuando quema el pecho;
y la sangre hierve en las uñas;
y aprietas fuerte los dientes contra los labios:
llenos de sangre; hierro; amor.

Salir con un martillo en la mano
contra los viles y delincuentes
que acechan a las familias en desgracia.

Y de risas perturbadas,
reventar sus dedos y muñecas
contra el acero y el cemento.
Dibujar en su rostro el más eterno de los dolores.

Huesos rotos.
Frambuesas.
Arándanos.

¿Y el que profana lo que, a la edad estúpida y banal, se regala?

ATARAXIA!

¡Tres borbotones rojos para el que profana!

Que rompe en sangre
lo que debió ser ansiedad por acabar,
y hiere a la niña, al niño,
al débil que camina a oscuras por las calles.

Uno en su entrepierna,
arrancando —roja— la hierba sifilítica,
junto a sus podridas semillas.
Uno en su ocote,
de sangre grisácea, muerta,
rasgada como la vulva asediada y asfixiada.
Uno en sus labios —¡tardía! —
que la espera sea larga,
igual que el terror,
y que escale y transite lenta,
de entre sus vísceras ya abiertas,
hasta su boca,
como el suspiro
que para siempre silenció.

Y gritar de rabia.
Reírme hasta perder el aliento.
Lanzarme del auto andando,
por no arrastrarte, caliente, hasta mi asiento.

Olvidar, por momentos, el miedo.
Callarte con mi lengua moribunda,
y retorcerme —una y otra vez— en tus adentros.
Lanzar al suelo cualquier cosa mía...
sin dejar de contar primero
cada uno de mis defectos.

6. DESEO

El hombre siempre desea lo que no tiene.
Pero cuando lo posee,
lo embriaga hasta desgastarlo
y asimilarlo en la rutina,
en el olvido del paisaje:

como las hojas de los árboles que caen perfumadas en otoño,
como el viento que refresca en verano,
como el agua que humedece nuestros labios sedientos,
como las montañas que visten nuestra vista.

Y aunque lo disfrutamos,
lo asimilamos... y lo olvidamos.

El hombre siempre desea lo que no tiene.
Mas, cuando se viste de imposible,
el alma arde y lo desea,
apoderándose de los sueños,
secuestrando los ánimos.

Caretas son construidas,
trajes ajustados,
los dientes afilados,
y sangre, si es necesario.

Demasiada luz enceguece la conciencia...
¿No es ese el reflejo del deseo?

El hombre siempre desea lo que no tiene.
Pero cuando lo que tiene
hace imposible lo posible,
porque las caretas funcionaron,
y los trajes ajustados
remendados fueron
con los colores de sus ojos,
como el reflejo de sus sueños,
con parches cosidos a la piel,
un poco de sangre (que no se note),

entonces,
la luz enceguece la conciencia.

¿Y la razón?
Se transforma en odio,
en un abandono frío,
en un adiós inesperado.

¿Y si la conciencia arrastra la culpa
de la enferma dependencia?
Una bolsa de plástico oscura.
Sangre.
(Que no se note).

Para enterrar la imposibilidad
cuando lo que se posee
hace imposible lo posible.

No hay engaño en la muerte...
¿Un sueño, quizás?

Porque el hombre siempre desea lo que no tiene,
y busca, implacable, lo imposible.
Porque en la paz no hay felicidad.
¿Para qué abandonarse en la ataraxia
si lo tumultuoso arrastra consigo
dolor?

Y por cada paso, pisada,
un jirón de felicidad
a enterrar lo que fue carne.

Que el alma ya duerme
sin pensar si le perdonó.
Después de todo,
la conciencia está enceguecida.

Mas no hay engaño en la muerte.
¿Para qué oír la verdad?

ATARAXIA!

Porque el hombre siempre desea lo que no tiene,
se dijo
a sí mismo,
justificándose.

Pero ahora que te tengo,
y ya no eres imposible,
te beberé hasta embriagarme
y asimilarte en mi rutina,
en el olvido del paisaje:

como las hojas de los árboles que caen perfumadas en otoño,
y como el viento que refresca en verano.

Te necesitaré... pero lo olvidaré.
Mas, cuando encuentre otro imposible,
y mi conciencia se nuble,
y el plástico,
y la sangre,
y tu carne
duerman en la tierra,

me justificaré:
—porque no hay engaño en la muerte —
repitió.

Después de todo,
el hombre siempre desea lo que no tiene.

7. COMPAÑERA

Esa noche me dispuse a dar aquellas vueltas taciturnas y melancólicas que
solía hacer de vez en cuando, en busca de algo que me arrebatara ese
extraño sentimiento que, desde hace tanto tiempo, me acompaña...
Como un demonio que acecha mi sombra.
Como un susurro en mi pecho.

Caminaba, perdiéndome entre las sombras,
cuando vi a una mujer sentada,
la cabeza inclinada.
Se oían en sus labios gemidos... y desesperación.

Me senté a su lado y le pregunté si podía hacer algo por ella.
Pero no oí ni una sola palabra.
Así que callé.
Y simplemente me senté,
a mirar junto a ella la infinidad de los cielos.

Y aunque mi mirada no se posó en ella,
me llegaba su luz tardía y fría.
Sentía sus espinas entrar por mi piel,
desgarrando los suspiros
que aún no derramaba entre mis labios.

Mi melancolía se agudizaba.
Me sentí adormecido...
conectado.

¿Acaso aquel demonio nos susurraba a ambos lo mismo?
¿Era el destino —como un hilo rojo invisible—
el que nos unía en gemidos, oscuridad y dolor?

Luego de unos momentos,
mientras yacía ahogado en mis pensamientos,
ella levantó el rostro,
miró con la vista perdida hacia delante
y se puso de pie.

Intentó dar unos pasos,
luego se volteó

y me miró a los ojos
con una tristeza tan profunda
que me dejó perplejo,
inundado de melancolía
y extrañeza.

Ella siguió su camino,
tensa,
arrastrando el dolor en cada uno de sus pasos,
y no se detuvo sino hasta sentirse bajo la luz de la luna,
a la cual miró durante unos segundos.

Luego, pensativa,
sacó de su cartera un pequeño revólver.
Le quitó el seguro.

No me di cuenta si ya estaba cargado.
Todo fue tan difuso
que no reaccioné cuando decidió apuntarme al pecho.

Fue todo tan extraño
que no percibí el momento exacto
en que apretó el gatillo.

Solo sentí un ruido lejano,
unas caricias que envolvían mi cuerpo...
murmullos,
voces perdidas...

Mis fuerzas se desvanecían.
Y en esa conciencia que se dormía,
no dejaba de pensar
en aquella que me había despojado, en un instante, de la vida.

Y es que ella, tan lejana y desconocida,
solo necesitó mirarme a los ojos
para entender mi deseo
y mi desesperación.

ATARAXIA!

Le bastaron unos segundos
para comprenderme como jamás nadie me comprendió.

Luego, un segundo disparo.
Otro ruido.
Otro eco.

Y supe que ella vendría conmigo.
Tendríamos la eternidad para conocernos,
y le agradecería en aquel tiempo infinito
por haberme alejado del dolor de existir,
por haberme liberado
de las ataduras
y de aquel demonio que se posaba sonriente sobre mis hombros.

Y quizás le amaría,
sí... quizás le amaría.

¿Cómo no amar a quien acaricia tus deseos?
¿Cómo no dejarse amar por quien te libera y huye a tu lado?

Y así, mientras me dormía,
mientras sentía las caricias de la sangre
derramándose sobre mi cuerpo,
soñaba con nuestro encuentro...
con nuestra vida en aquel mundo desconocido,

e intentaba adivinar —entre dormido—
la suerte que nos deparaba nuestra muerte.

Creí ver luces.
Luego silencio.
Sonreí.

8. DISCRIMINA(LIZA)CIÓN

Santiago era una ciudad gris, pero llena de vida.
Los edificios altos se alzaban orgullosos hacia el cielo,
y las calles estaban repletas de gente apresurada y ensimismada.

Una noche, una criatura maligna despertó
y comenzó a cazar a la población:
cayeron niños, jóvenes y adultos por igual.

La gente intentó defenderse,
pero la criatura parecía invencible.
Nadie se atrevía a salir después del anochecer.

La ciudad vivía infeliz,
condenada al terror.

—"Nunca vimos algo así" —vociferaban los medios.

Pero la verdad...
es que la criatura siempre estuvo ahí,
ignorada y despreciada,
esperando el momento oportuno para salir.

~ X ~

9. PHISHING (OPWN3D)

Llegó de su trabajo cansado.
No tenía muchos amigos,
pero en internet era seguido por miles de personas
de todo el mundo
bajo un extraño seudónimo.

Pidió comida a través de una aplicación,
y se conectó a los tres sitios web que administraba.

De repente, se dio cuenta de que no podía ingresar
a ninguna de sus redes sociales.
Había sido hackeado.

Un terror profundo lo consumió
en una espera eterna y angustiante.

El hacker solo le dejó un mensaje:
"has sido expuesto, pederasta."

Impotente,
viendo cómo su vida se desmoronaba,
abrió el paso de gas de todos los quemadores de su cocina,
cerró los ojos,
y, rogando que el infierno no existiera,
se sentó a esperar.

~ X ~

10. CANCIÓN DEL CUERPO DANZANTE

El cuerpo danza
colgado de una viga.
Y aunque su mirada está perdida
y no esboza una sonrisa,
al compás de la música
no deja de danzar.

El cuerpo danza
colgado de una viga.
Y aunque le costó la vida,
baila al compás
de la brisa que se cuela
por el gran ventanal.

Tiesos los pasos.
La tarde no cae.
El sol entra,
como si de su trance
lo quisiera despertar.

El cuerpo danza
colgado de una viga.
Danza y danza,
mientras sus manos se mueven

al son de la gravedad.

El cuello partido,
una mueca en la cara,
como si de todos
se quisiera burlar.

El cuerpo danza
colgado de una vida.
Y cual camaleón,
mientras pasa el tiempo,
va cambiando de color:
rosado,
amarillo,
gris azulado.

Llegan los necrófagos.
Se impregna el hedor.

El cuerpo danza
colgado de una viga.
Clic clac:
una llave,
la cerradura,
la puerta abierta.

¡Sorpresa! ¡Sorpresa!
Una carta, un desmayo.
El cuerpo no deja de danzar.

El cuerpo danza
colgado de una viga.
Sin despedidas,
ha dejado aquí
un recuerdo:
el consuelo en su cuerpo
que danza
al son de la brisa,
mientras la gravedad
no deja de jugar.

ATARAXIA!

El cuerpo danza
colgado de una viga.
¡Perdón por la bienvenida!
¡Y esta inesperada sorpresa!

Pero ha dejado en su cuerpo,
que danza y danza,
la tristeza
que no lo dejaba respirar.

Colgado de la viga,
olvidada la vida
que lo había abandonado
en soledad.

El espíritu no danza
colgado de la viga.
Él se ha ido,
muy lejos de aquí.

Mas cuando el baile cese,
y su cuerpo bajen al fin,
quedará su susurro,
invisible como el viento,
flotando por ti.

Y en las noches,
una mueca burlesca en el espejo,
esperando el día en que también tú,
al son de una brisa veraniega,
con los ojos perdidos
y los labios azulados,
seas tú,
tu cuerpo,
el que dance
sin fin.

11. EL CAMINO DE PIEDRAS

Iba de vuelta del colegio camino a mi casa un día soleado de primavera, tranquilo, contento. Siempre me gustó esa brisa fresca de la tarde acariciando mi rostro.

El camino era de asfalto, con un campo abierto a la izquierda y con algunas casas antiguas a la derecha. Casas antiguas, de pueblo, de un solo piso, como la mayoría de las que había en mi pequeña ciudad. El camino iba en subida, y yo feliz, jugaba arrastrando la mochila imaginando que eran esos pesados carros con verduras frescas que años antes pasaban donde mis abuelos.

Mi cerebro daba mil vueltas, pensaba en la comida que me esperaba, en mi mamá y mi hermano pequeño, en mi perrito ya algo viejo, pero que aun así siempre me recibía contento. Pensaba en que al fin era viernes y podría jugar videojuegos, y pensaba en ella. En sus ojos cafés y su pelo castaño, en su piel bronceada, en su risa. La extrañaría como todos los fines de semana, pero el lunes nuevamente la vería, y quizás, si me dejaba, hasta la abrazaría y besaría. ¿Por qué no iba a estar feliz?

Llegue a una esquina, donde debía doblar a la derecha, a una calle más grande, pero de ripio, sin casas cercanas, con grandes árboles a cada lado. Me encantaba pasar por ahí, excepto por la única construcción que había, un jardín infantil en medio de un gran terreno, abandonado hace ya 3 años, luego del incidente que hubo.

Iba a media cuadra de esta calle, a solo 10 minutos de mi casa, de mi madre, de mi hermanito y de mi viejo perrito. Del plato especial de comida que los viernes mi mamá preparaba, y de la cama en la que luego del colegio, me tendía a dormir la siesta.

Cuando iba pasando afuera del jardín, sucedió. Me llamaron por mi nombre, y miré. ¡No debí haber mirado! Me quedé inmóvil con lo que vi. No pude gritar, no pude correr, ni defenderme.

Me tomaron las manos y las amarraron con restos de cables eléctricos, que seguramente sacaron del jardín Infantil abandonado y vandalizado. Me sacaron los zapatos y los calcetines. Los pantalones. Pusieron los calcetines anudados en mi boca y sobre eso pusieron mi cinturón. Llenaron mi nariz con tierra húmeda. Y comenzaron a patearme en el suelo. Luego, de a duras penas lograr respirar, con un fierro que estaban calentando en una pequeña fogata en el patio del Jardín, me quemaron las manos y la cara y luego, sin preverlo, me lo enterraron en el estómago. Convaleciente, me tomaron y con la mochila me ahorcaron, dejándome colgado del cuello en la reja del jardín infantil. Cuando ya estaba muerto, me llevaron al bosque, y me arrastraron hasta la orilla del estero, me vaciaron medio bidón de kerosene y me prendieron fuego.

Ese viernes, después del colegio, un día de primavera, pensando en ella, y en mi casa, mi madre, mi hermanito y mi perro, me torturaron y me asesinaron. Y yo, sin saber por qué.

- LA BUSQUEDA

Eran ya la 17.45 y aun no llegaba a mi casa. Mi celular sonaba, tenía decenas de llamadas perdidas de mi mamá, del colegio, de algunos amigos.

Salieron a buscarme. Mi mamá, mi hermanito, dos vecinas. Recorrieron las calles. Preguntaron a todos. Nadie sabía nada. Nadie había visto nada.

Al día siguiente, me encontraron. Mi cuerpo estaba calcinado, irreconocible. Tirado en la orilla del estero, entre ramas y piedras negras. Quemado con rabia. Pero aún con la mochila rota colgando de un hombro. Los culpables nunca fueron juzgados. Todos sabían quiénes eran. Pero no hubo confesión. No hubo lágrimas. Solo miradas esquivas y un silencio que lo tapó todo. Nunca mostraron arrepentimiento.

Y más temprano que tarde, todos fueron olvidando. Las clases se tornaron normales, las pocas velas que los vecinos y algunos compañeros del colegio pusieron en el lugar donde me encontraron, ya estaban gastadas y sucias. La policía, a falta de pruebas inmediatas, dejó mi caso junto a otros casos, de personas pobres como nosotros. Los cuales, simplemente no importamos. En un periódico regional solo hubo una noticia breve, sobre un cuerpo encontrado en una zona humilde, el cual pasaba desapercibido entre noticias de *influencers* y deportes, y un poco de política, de esa, de mentira.

La única que recuerda es mi madre, mi hermanito y mi perro. Ellos sufren en silencio, marginados y olvidados, como casi todo en este barrio rural. Yo ahora estoy muerto, en la vida de la tumba. No puedo hacer nada contra lo que ya sucedió, no puedo comunicarme con nadie, solo puedo esperar.

- ## LA MADRE

Eran las seis con algo. El sol ya bajaba cuando supe que algo estaba mal. Mi hijo nunca se retrasaba. No era de esos niños que se quedaban en la calle. Siempre volvía temprano. Siempre.

Llamé. Una, dos, tres veces. El teléfono sonaba, pero nadie respondía. Primero pensé que se quedó sin batería. Después... empecé a temblar. Salí de casa, dejé el almuerzo servido. Mi otro hijo, el menor, me miraba desde la puerta con los ojos grandes. "No ha llegado", le dije. Y fue como si las paredes respiraran.

Busqué por todo el camino. Pregunté a los vecinos, a sus amigos. Nadie lo había visto después de salir del colegio. El trayecto era el mismo de siempre: la calle asfaltada, el campo a un lado, las casas viejas, el camino de piedras. Hasta que llegamos al jardín. Ese jardín. El que quedó vacío hace tres años, después de... No. No quise pensarlo. Mi vecina me sostuvo el brazo. No porque yo fuera a caerme, sino porque ya me había caído por dentro. Y luego... lo encontramos. Pero ya era tarde. Y no diré cómo. No puedo. No debo.

Desde entonces, el sol de los viernes ya no es igual. El olor a comida me enferma. El sonido de las mochilas arrastrándose me parte el pecho.

No dejé que lo enterraran lejos. Está cerca. Cerca del jardín. Donde pasó. Donde no debía. A veces llevo a su hermano. Nos sentamos en silencio, frente a la tierra. Él no pregunta. Yo no explico.

Y, sin embargo, algunas tardes, jura que lo ha visto. Dice que escucha su risa en el viento. Dice que hay días en que siente que lo sigue por la calle. Como antes. Como siempre.

El perro nunca ladraba. Desde que su amo no volvió, solo miraba el portón del jardín con los ojos vidriosos, como si algo lo llamara desde allí. Mi hijo menor a veces se sentaba con él en silencio, y le susurraba cosas al oído. Nadie le dio importancia. Decía que hablaba con su hermano. Lo creíamos parte del duelo.

- LA CORREA

Ya habían pasado un poco más de dos años desde la perdida de mi hijo mayor. Yo hubiese esperado alguien lo recordara, pero no, es simplemente como si no hubiese existido.

Esa noche en el colegio donde iba mi hijo mayor hicieron una fiesta por la bienvenida a las vacaciones de verano. Asistieron casi todos los de los cursos mayores. Entre ellos estaba la niña a la que él le gustaba, una niña de unos 17 años de ojos cafés, pelo castaño y tez bronceada. Sabía que mi hijo le escribía, pero ella se burlaba de él. A pesar de eso, él era bondadoso con ella y amable, quizás creía que esos malos tratos cambiarían alguna vez.

Ella siempre andaba con un grupo de amigos, 2 niñas más de la misma edad, y dos jóvenes un año mayor que ellas. En el fondo de mi corazón, tenía la certeza que ella y su grupo de amigos habían torturado y asesinado a mi hijo, solo por maldad. Porque en su posición aventajada, con mejor situación que la nuestra, nos veían miserables y sin valor. Solo servíamos para su risa y sus burlas. Cuando mi hijo fue enterrado ninguno de ellos fue, y nunca hubo ninguna lagrima para él, solo más burlas incluso después de su muerte.

Esa misma noche, yo sentí una presión fuerte en mi pecho. Dejé durmiendo a mi hijo menor, y me acosté temprano.

Me desperté de abrupto a las 3 de la mañana con ruidos lejanos de sirenas, miré para afuera y no vi a nuestro perro. Mi hijo tampoco estaba en su cama. Un terror profundo entró en mi cuerpo. Salí corriendo a buscarlo con la ayuda de algunos vecinos que se despertaron por mis gritos.

A mi hijo pequeño, de 6 años, lo encontramos dormido en el antiguo jardín infantil, justo en la reja, con la correa de su perro en la mano.

Mientras tomaba a mi pequeño en brazos, veía de lejos como el ex colegio de mi amado hijo mayor, el mismo donde estaban de fiesta, era consumido por las llamas. A los pocos minutos pasaron autos, ambulancias y gente llorando. Los bomberos pudieron rápidamente combatir el fuego, sin embargo, nunca encontraron una causa clara.

Solo marcas de patas de perro, barro seco, y huellas infantiles en las cenizas, las de un niño que claramente no iba a ese colegio, por su corta edad.

Del lamentablemente incidente, murieron 5 personas quemadas, su piel se derritió antes que el humo las asfixiara, por lo que sufrieron hasta el último segundo. Eran 3 niñas de 17 años y dos jóvenes un año mayor. Justamente los mismos sobre los que siempre tuve sospechas.

El perro nunca volvió, aunque algunas personas dicen haberlo visto la noche de la fiesta, cerca del colegio junto a un niño pequeño. No todos vieron lo mismo, y nunca sabré la verdad.

Solo se, que a veces, al caer la tarde, mi hijo se ríe solo. Y se le escapa un silbido. Uno suave, como un llamado. Y desde lejos, en el viento, se oye correr algo entre las piedras.

12. TAROT

"Se dice que hay nombres que no deben pronunciarse.
No porque invoquen.
Sino porque reconocen.
Porque al decirlos, uno se ofrece.
Y ellos ya están escuchando."

No fue por fe, ni por creencia. Fui al tarot por desesperación. Me arrastré, sucio de lágrimas, con la dignidad hecha trizas. Ella se había ido. Así de simple. Una semana después de que le dijera cuánto la necesitaba. No cuánto la amaba. Cuánto la necesitaba. Y eso... fue todo.

Encontré a Clemente en un segundo piso, arriba de una peluquería donde sonaba bachata a todo volumen. Tenía cara de nada. Ni siniestro, ni sabio, ni misterioso. Era un viejo con mirada cansada, olor a cigarro y dedos manchados de tinta.

—¿Querís que vuelva, cierto?

Asentí. Como un niño.

—Esto no es magia. Es vibración. Tú deseas, y yo ordeno.

Puso un paño rojo sobre la mesa. Sacó cartas, un péndulo, un cuaderno lleno de mierda escrita con lápiz pasta azul. Yo le pasé una foto. Él la giró sin mirarla.

—Di su nombre completo.

Lo dije. Con el alma. Con la herida.

—Y ahora, di lo que querís.

—Que vuelva.
—¿Solo eso?
—Que me necesite.
—Entiendo.

Pasó las páginas de su cuaderno. Un cuaderno viejo, de pasta dura y páginas manchadas, las cuales leyó como parte de un ritual que parecía que ni el mismo lo creía. Hasta que llegó a una página diferente, impecablemente blanca, y en medio de ella escrito con tinta que parecía carbón molido mezclada con sangre, una frase: A TI NOS SOMETEMOS QAZFAEL.

No lo pronunció en voz alta. Lo susurró. Los ojos se le pusieron vidriosos, como si después de decir esa frase, su mente se hubiera abierto a una verdad que desconocía. Después de unos segundos, dijo que no recordaba haber escrito nunca eso. Yo pensé que era parte del *show*. Del teatro para idiotas rotos como yo.

Esa noche soñé con ella. Y dormí como si nunca se hubiese ido.

Volvió al tercer día. No por teléfono, no por mensaje. Estaba parada en el portón de mi casa. Vestía la misma ropa con la que se fue. Pero no olía a perfume. Olía a ceniza.

Entró sin hablar. No me miró a los ojos, se sentó. Me tocó la mano. Y dijo:

—No me llames por mi nombre.
—¿Por qué?
—Él escucha.

Esa noche casi no dormí. Ella sí. O eso parecía.

Yo me desperté a las tres de la mañana. Ella estaba sentada en el borde de la cama. Mirándome. No parpadeaba, parecía que no respiraba. Solo me observaba.

Cuando me vio despierto, sonrió. No con su sonrisa, con otra. Fría. Rota.

—¿Quién eres? —pregunté.
—La respuesta.
—¿De qué?
—De lo que pediste.

Luego de eso, se durmió. Yo no pude dormir más.

Al día siguiente, simplemente abrió la puerta y se fue. Yo no le dije nada, y en silencio, lo acepté.

Una semana después, la encontraron muerta. Tirada en una plaza, con la boca abierta y los ojos blancos. No había golpes. Ni signos de violencia. Solo un detalle: La lengua, se la habían arrancado. Sin sangre.

Volví donde Clemente. Estaba irreconocible. Ojeroso, rascándose la piel. Tenía marcas en el cuello. Como si algo le hubiese envuelto una cuerda de alambre y tirado. Tiritaba, aunque no hacía frío.

—No debí haberlo dicho. No debí haberlo dicho —repetía.
—¿Qué dijiste?
—El nombre.
—¿Qazfael?

Se le contrajo el cuerpo. Como si le hubieran clavado una aguja en el oído.

—Eso no estaba en el cuaderno. Juro que no lo escribí. Apareció solo.

Y entonces se escuchó un golpe arriba. Fuerte. Como un cuerpo cayendo desde el techo. Clemente palideció.

—Él ya está aquí.

La sombra bajó como un líquido espeso. Era negra. Pero no opaca. Tenía algo adentro, como una cara. Como muchas. Ojos amarillos en cada una de sus caras, bocas sin labios, dientes negros.

Clemente se arrodillo y empezó a recitar salmos. Pero nada cambió. Luego de unos segundos, algo le cerró la garganta desde dentro. Le salieron gusanos de la boca. Se retorció. Y su cuerpo reventó por dentro. Cayó al suelo, flácido como una sábana mojada.

Yo vomité. No por el miedo, por el hedor a azufre. A sangre vieja. A deseo podrido. Me di media vuelta y comencé a correr por las calles, hasta que me sentí un poco más seguro. Me fui a quedar a la casa de un amigo, aunque por miedo y vergüenza, no le comenté nada de lo que había pasado. En la TV dijeron que habían encontrado un cuerpo en descomposición, justo donde murió Clemente, "posible ajuste de cuentas. Al parecer lo mataron hace semanas, pero el cuerpo lo dejaron recién anoche en la calle, por el estado de descomposición", pero no detallaron que había sucedido.

Pasé los días siguientes buscando. Leyendo. Escarbando. Y encontré un relato, original en árabe y traducido con Google:

"En tiempos antiguos, un pueblo en la región del Levante adoraba un ídolo que les traía amor y fortuna. Pero también muerte, locura y silencio. No sabían que, al rendirse a él, alimentaban a un *djinn*. Uno que no necesitaba ser invocado. Solo reconocido. Sin saberlo, eran presos de sus maldiciones.

Sin embargo, luego de la llegada del profeta, tras su muerte, sus seguidores y compañeros liberaron la península de los ídolos y los demonios y *djinn* que consumían los actos de idolatría. Esto se extendió al levante, a este pequeño pueblo, donde finalmente encontraron al ídolo y lo destruyeron. Cuando esto pasó, un *djinn* con forma femenina se apareció y comenzó a dar vueltas cerca de donde estuvo alguna vez el ídolo, de manera sobrenatural, como si flotara. Hombres cayeron muertos tratando de acercarse. Pero, finalmente recitaron la *ruqya*, y luego el más valiente del grupo, le asestó un golpe de espada en el cuello. Desvaneciéndose en forma de humo, y luego en la nada misma. Liberando de esta forma al pueblo, de este demonio ancestral."

Lo imprimí, y leí sobre la *ruqya*. Me memoricé algunos versículos del Corán, en árabe y en español. Sin embargo, yo no seguía bien.

Las noches se volvieron laberintos. No dormía, o sí, pero dentro de mí mismo. Soñaba con agua negra, con fuego que me susurraba. El símbolo apareció en mi pecho, una espiral que se tragaba a sí misma. Quemaba sin herida.

El celular no encendía. La ducha echaba tierra. El espejo me devolvía la mirada... antes de que yo me mirara. La voz comenzó a hablarme en sueños. Era la mía. Pero pronunciando cosas que yo nunca diría.

Un profesor de estudios islámicos me lo confirmó:

—No es un espíritu. Es un testigo deformado. Los *djinnats* no necesitan ser llamados. Solo necesitan una grieta.
—¿Y cómo se cierra?
— *Ruqya*.

Esa noche lo enfrenté.

Me encerré en el baño. Sin luz, sin palabras. Solo con rabia.
Él apareció en el espejo, con mi forma. Pero más hermosa, más fuerte. Más cruel.

—Soy lo que querías ser.
—No. Soy lo que dejé entrar.

El espejo se deformó, y la puerta del baño se abrió estrepitosamente. Era la forma de humo, densa, casi liquida, con los ojos amarillos y sin labios. Comencé a gritar, y de la desesperación rompí el espejo, me corté las manos. La sangre salpicó el nombre escrito en el cuaderno. Corrí al living con los ojos casi cerrados. Mientras corría, mis manos comenzaron a quemarse sin fuego, al igual que mis pies. Mi garganta se apretaba sin ninguna mano que la ahorcara. Entonces me paré lo mejor que pude, y comencé a recitar en árabe y luego en español, fragmentos del Corán, como *Ruqya*:

"En el nombre de Dios, el Compasivo, el Misericordioso.
Alabado sea Dios, Señor del Universo,
el Compasivo, el Misericordioso,
Soberano en el Día del Juicio.
Solo a Ti adoramos y solo de Ti imploramos ayuda.
Guíanos por el camino recto,
el camino de quienes has agraciado, no el de los que han incurrido en Tu ira
ni el de los extraviados.

Di: Me refugio en el Señor del alba,
del mal de lo que ha creado,
del mal de la oscuridad cuando se intensifica,
del mal de las que soplan en los nudos,
y del mal del envidioso cuando envidia.

Di: Me refugio en el Señor de la gente,
el Soberano de la gente,
el Dios de la gente,
del mal del susurrador que se oculta,
que susurra en los corazones de la gente,
tanto de los djinnat como de los hombres.

Dios, no hay más divinidad que Él, el Viviente, el Sustentador. Ni la somnolencia ni el sueño lo dominan. Suyo es lo que está en los cielos y en la

Tierra. ¿Quién puede interceder ante Él si no es con Su permiso? Él conoce el pasado y el futuro. Nadie abarca nada de Su conocimiento, salvo lo que Él quiere. Su trono se extiende sobre los cielos y la Tierra, y no le agobia preservarlos. Él es el Altísimo, el Grandioso."

Metí todo en la chimenea improvisada. El pañuelo, la carta, el cuaderno. El fuego subió como bestia hambrienta. Y con él, su grito, no de dolor. De hambre.

Saltó desde las llamas tomó mi cuello. Me quemó por dentro, como si me llenaran de aceite hirviendo. Pero resistí, lo abracé, y recité de nuevo:

"Di: Me refugio en el Señor de la gente,
el Soberano de la gente,
el Dios de la gente,
del mal del susurrador que se oculta,
que susurra en los corazones de la gente,
tanto de los djinnat como de los hombres."

Y entonces, el humo se quebró. Y el nombre se disolvió. Y lo que quedaba de él se volvió ceniza mojada.

Desperté en el suelo, desnudo, empapado. Pero vivo. No había sombra, ni voz. Solo silencio. Y por primera vez, era un silencio limpio.

Soñé esa noche. Soñé con agua, no negra. No muerta. Clara. Y vi una aldea. Y un niño corriendo, y a lo lejos… ella. Libre, sin mí. Pero viva.

El tarot fue solo el inició del problema, pues el peligro no está en las cartas, ni en el fuego, ni en los nombres. Sino en lo que uno pone en ellos.

Cuando se deja de buscar amor y se empieza a suplicar por pertenencia, ahí… ahí es donde Qazfael entra.

No todos vuelven. No todos despiertan. Pero si alguna vez ves tu reflejo sonriendo con una boca que no es tuya… Corre. Reza. Quémalo todo. Y nunca digas su nombre.

13. ENGAÑO

13 de Julio, 20XX.
21.30 hrs.
Despierto. Lucido.

Nunca he escrito algo así. Necesito ordenar mis pensamientos. Creo que esto me puede ayudar.
Tengo 35 años. Desde hace 2 estoy teniendo un problema recurrente.

Por lo general sufro de insomnio, pero cuando logro dormir, lo hago siempre en estado de alerta. Despierto ante cualquier ruido, y no solo eso, sino que se de donde proviene un ruido y que puede ser. También siento cuando se alguien se acerca, y cuando me miran. Eso me ha permitido acudir muy rápido a la habitación de mis hijos pequeños cuando alguno se despierta, incluso cuando solo se están moviendo por alguna pesadilla. En otras ocasiones me despierto cuando vienen bajando silenciosos las escaleras. En otras ocasiones, siento cuando han logrado llegar a mi habitación y están quietos mirándome, casi dormidos.

A veces despierto en la noche, porque siento una presencia. No, no es mi esposa, no son mis hijos. Lo sé desde antes de abrir los ojos. Solo me doy vuelta, e intento dormir de nuevo. Prefiero a eso a que ese maldito insomnio se apodere de mí de nuevo. Porque cuando ese pasa, y ya son las 3 o 4 de la madrugada, ya no pienso con claridad y comienzo a confundir un poco las cosas.

Pero hay algunas veces, algunas pocas veces, donde realmente me duermo y me sumerjo profundo a un sueño. Este me absorbe y no logro despertar. Generalmente son pesadillas, que me desgastan por un tiempo que pareciera ser interminable, y cuando logro despertar, al igual que con el profundo efecto del insomnio, me cuesta diferenciar el sueño de la realidad.

14 de Julio, 20XX
03.34
Despierto.

Tuve una horrible pesadilla, pero parecía muy real.
¿Habré despertado o será, en realidad, este el sueño en el me encuentro?

Estaba yo, caminando por unos edificios cerca de la costa. Estaba anocheciendo, rápidamente se nubló y comenzó a llover muy fuerte. Iba con mi abuelo, y yo trataba de ayudarlo, aunque era él quien realmente me guiaba. Llegamos a un punto donde el agua corría violentamente, la calle estaba empinada, había poca luz. Yo cruce, él se quedó atrás. Todo fue angustiante. Nos seguían unas criaturas, no las vi. No recuerdo más.

Necesito dormir.
2 Zopiclonas. 2,5 mg.
Mañana no podré ir a trabajar presencial.

Una sensación extraña durante horas.
- Alo, ¿quién es?
- Hijo, vente rápido para acá, pasó algo.

Insomnio. Ansiedad. Pensamientos disociados, me fui perdiendo de la realidad. 4 am. Necesito dormir, no aguanto más.

Iba camino a mi nuevo trabajo, nos fuimos de la ciudad agobiados. Nos pasaron una nueva casa, grande, iba dentro de los beneficios del contrato. Nos instalamos rápidamente, mi esposa quedó en la casa con mis hijos. Allá me recibió una persona amable, me llevó caminando por las instalaciones. Un edificio de fachada antiguo, industrial, pero ya sabía que sería así.

14 de julio, 20XX
07:14 — o eso dice el reloj

Terminamos de caminar por las instalaciones. Me sentía mareado, pero no quise parecer débil. Cass (creo que se llamaba así) hablaba, pero su voz sonaba como de fondo, como una televisión prendida en otra pieza.
Al pasar por una de las salas, escuché niños llorando. No era parte de la fábrica. Cass no reaccionó. Yo tampoco pregunté.
Al llegar a la oficina asignada, vi que el colchón del suelo tenía sangre. Cass se detuvo. — ¿Todo bien? —me preguntó.
No supe qué responder.

ATARAXIA!

15 de julio,
Noche 02:07

No puedo dormir. Estoy solo. La casa cruje demasiado. No hay viento. Y siento, lo juro, que hay alguien más aquí. No en mi pieza. Tampoco en la de los niños. Está en el entretecho. Arriba. Respira lento.

Lo escuché moverse hace poco, con el cuerpo entero. No suena como un roedor. No es un animal. Es alguien. O algo. Y no quiere que duerma.

La fábrica tiene pasillos que no llevan a ningún lado. Algunos giran sobre sí mismos. En otros se siente corriente de aire, pero no hay ventanas. Hoy bajé al subnivel por error. Había un pasillo sin luz, pero con cables colgando del techo, como si alguien los hubiese mordido. Y un olor. No a humedad. A carne.

16 de julio
Desconozco la hora.

Intenté llamar a mi esposa. El celular estaba con carga. Pero no prendía.
Lo enchufé, vibró, pero la pantalla seguía negra. Lo dejé sobre la mesa. Y vi cómo, con la pantalla apagada, se prendió la cámara frontal. Solo un segundo. Como si me estuviera mirando. Lo tiré al suelo. Pero sigue vibrando.

La vi hoy. No sé si trabaja aquí. Vestía de negro, caminaba descalza, y no hacía ruido. La vi de espaldas, entrando a una bodega que según Cass está cerrada desde hace años. Cuando me acerqué, ya no estaba.

La reconocí. No sé por qué. Era la misma del sueño. O del reflejo. O de la escalera. No lo sé. Solo sé que no era la primera vez que me miraba. Y que no es humana.

17 de julio,
¿Última entrada?

Dormí. Dormí por fin. Y cuando desperté, no estaba en mi cama. Ni en mi casa. Estaba en una habitación amplia, con ventanales altos. El aire era denso. Había cortinas viejas que apenas dejaban entrar la luz. Reconocí la casona.

Una mujer de cabello negro y ojos grandes, descalza, desnuda y silenciosa, me abrazó. Me susurró algo al oído. No lo entendí. Pero lo sentí.

Y supe, en ese instante... que por fin había despertado.

XXX

Ahora sé dónde estoy. No es un sueño. Tampoco es la vida. Y no es la muerte. Es lo que hay entre ambas.

Y no es el *Barzaj*, aquel velo que separa los mundos. Es más hondo, más quieto, más cruel. Un reflejo distorsionado de él. Una grieta en la estructura misma de lo que separa la vida y la muerte.

El umbral donde los recuerdos sangran como heridas abiertas, y donde el tiempo se dobla como ramas rotas.

Donde no hay fuego, ni frío que rasgue los huesos. No hay demonios con cuernos, pero hay sombras que conocen mi nombre. No hay castigo declarado, pero cada rincón está diseñado con lo que me duele. Con lo que perdí.

A veces creo escuchar voces en la lejanía, pero se ahoga antes de alcanzar mis oídos. Nadie responde. Nadie me llama por mi verdadero nombre.

Porque aquí, ni en la vida, ni en el *Barzaj*, ni en la muerte, los nombres se olvidan, y solo queda el peso de lo que uno fue. O de lo que no logró ser.
Y hay otros. Almas marchitas, atrapadas también en este intersticio creada por mi mente. Algunas repiten oraciones vacías. Otras se ocultan tras los muros de la memoria. Ninguna escapa. Ninguna recuerda el día exacto en que llegó.

Este es el infierno que no quema, pero consume. El infierno que se parece a tu casa. A tu trabajo. A tus sueños. El infierno donde despiertas. Y despiertas. Y despiertas. Pero nunca sales. El infierno del engaño, de la locura, de la cárcel del inconsciente que parece eterno entre el sueño y el despertar.

NAG RISRCS FQ GW HOF EBKCMPDCDC ROF EOAHNEHG, M NA LQRAWPTO CÚB TUUW. GAP SEDAFYQ, SNGC JA UCMPACDC: LO FEGGTISFVAQAÓN KG VS CCFXEFLKDC GN SEEDLCCWÓP. DC QSNMO SUS DUGUCMCK PIWFE WUTOJ MÁK CSJEA VG ZG QIW CFWGMCK. DWTO, CNHWU RW AJSPZOJ, BWEEGAVAAGU RWVEBWTNCK Y HTEUMPTOJPOG UI JGAZEGNHW DSKGAAGU GSNIF FEZ EACK, C UI ZGMCK EBUQNHJCDC GN ÉN, MPA XQRAS DS NIPWTTOV.

Clave: CAOS

ABISMO

IV.   ABISMO

El abismo no habla,
solo observa.
Nosotros, su reflejo,
caemos en su eco eterno.

ATARAXIA!

1. REALIDAD

En mi pecho, siento una punzada aguda y persistente,
que se incrementa con los días.

Mis latidos han disminuido.
Siento un frío que nace desde mis entrañas
y se extiende por cada parte de mi cuerpo,
mientras los demás... simplemente ignoran.

Intento disimularlo,
pero no pienso en otra cosa que en el fin inevitable.
Como si pudiera adelantar mi último suspiro.
Como si pudiera esconderme del dolor.

Mi mente se inunda de pensamientos oscuros,
mis ánimos se agitan,
y mi razón se duerme en la confusión.

Solo escucho murmullos,
mientras mi atención se esconde
tras los desdichados deseos que me condenan.

Esta sonrisa falsa,
esta pasividad excesiva,
no son más que el disfraz de una rabia muda:
una rabia dirigida hacia todo,
hacia nadie,
hacia entes infernales imaginarios,
hacia imágenes decadentes de mí mismo.

Intento detenerme,
abandonar esta posesión incontrolable que me domina,
ordenar mis pensamientos confundidos
entre lo onírico y lo real.

Oprimo. Aguanto.
Pero el dolor se acrecienta en el pecho,
sin saber si algún día desaparecerá,
junto a este deseo infernal,

o si me arrastrará
hasta que exhale mi último aliento.

Me aferro a los lazos.
Aprieto los dientes.
Me agarro de mi moral, de mi creencia.
Pero mis ánimos decaen.
La muerte me consume en vida,
y el dolor no se detiene,
mientras el terror se cierne sobre mis sentidos.

Y aunque me preguntes,
aunque me mires directo a los ojos,
yo fingiré estar bien.
Negaré que esto es más que una fantasía,
un intento fallido de versos olvidados,
una idea inconsecuente bajo la luz fría de la mañana.

Porque mientras los demás ignoran,
aunque sienta el corazón detenerse...
sonreiré.

∼ ☠ ∼

2. BARZAJ

Oh, Dios,
ten compasión de esta pobre alma,
que se ha rehusado a ocultarse del demonio que la acecha,
aun cuando la muerte ya le ha despojado de todo.

Oh, Dios,
ten compasión de esta alma,
que no se ha ocultado,
que lo ha mirado a la cara,
que ha prestado atención a sus susurros,
y se ha entregado como una vela se entrega a los vientos.

¿No ha sido suficiente la desdicha?
Mas el terror...
no ha calado lo suficientemente hondo

como para tocar mi pecho
y liberar mi espíritu
a través del brote de mi sangre
y del abandono infructuoso de mi alma
hacia el *Barzaj*...

Oh, Dios,
ten piedad de mi alma.
Ten piedad de esta pobre alma,
antes que las mortajas cubran mi rostro,
y la tierra húmeda caiga sobre mis restos,
y entonces, mi alma sea desgarrada,
y en mi mano izquierda
sean los libros entregados,
y yo —irreparablemente aterrado— los reciba,
y entonces, al fin, tarde entienda...

Que no habrá otro despertar,
ni otro amanecer,
ni otra brisa,
ni otra vida,
ni otro beso,

sino la oscuridad y soledad eterna del averno que me espera,
abierta,
por causa de cada uno de mis actos.

~ ☠ ~

3. EL SEPULCRO

Estábamos afuera de una gran casona arriba de un cerro, cerro vestido de escaleras de asfalto, patios y grandes balcones. Estábamos todos, no sé bien que celebrábamos. Algunos entraron y miraron desde allí, protegidos, a través de los grandes ventanales hacia el paisaje que de verde y gris se dibujaba. Otros quedaron afuera, mirando el camino de regreso sin siquiera levantar la mirada.

La luz del sol se dejaba desdibujar desde el horizonte. Podría haber sido un amanecer o un atardecer, mas, el calor no cubrió aquel día, donde nada fue frialdad.

Entré a la casona y reconocí a mis cercanos, arraigados en las mesas, algunos entrelazando sus manos, otros abrazados, celebrando en silencio. Yo estaba solo... Y quitaron su vista de las ventanas, y olvidaron. Yo no pude olvidar.

Salí de la casona, donde estaba el resto reunido, y sin mirarme algunos se despidieron, otros simplemente bajaron por aquellas anchas escaleras de piedra sin decir nada. La última en bajar fue una mujer, de pelo negro como el azabache y piel pálida como la luna, con grandes ojos negros y una mirada cálida. Alguien la tomaba de su mano y la arrastraba hacia la salida, mas, yo no la alcancé... se despidió con la mirada... yo la seguí mirando, hasta que ya no vi más que la silueta de su sombra. Mis cercanos seguían en la casona celebrando, mas, la angustia se apoderó de mis sentidos y esta vez, yo olvidé.

Entonces decidí bajar de aquel cerro y seguir al resto, pero no encontré a nadie: ni sus despojos, ni la huella de sus pesadas pisadas. Y seguí bajando, sin mirar dónde iba, encontrándome nuevamente solo.

Las escaleras acababan en un bosque frondoso, inquietante, confuso. No recordaba haberlo visto. Y entonces corrí, corrí como arrastrado por una fuerza invisible, casi inconsciente, hasta que llegué a las orillas de un rio, el cual me detuvo de forma abrupta.

Volví en mí, y vagué por la orilla, hasta encontrar una barcaza abandonada. La arrastré y me subí para que el rio decidiera mi destino, mientras el sol se ocultaba entre los altos árboles, y la naturaleza inquietante narraba melodías en cada rincón.

Y pasé cerca de una casa, incrustada como una estaca sobre el bosque, y la reconocí... Salí del rio y entré. No había espacio para la oscuridad, la luz anaranjada del ocaso que se colaba entre los altos árboles también entraba por la casa. Aun así, cada rincón, cada pintura, cada fotografía, cada recuerdo desvanecido y perdido me generaban ira y confusión. Un sentimiento indescriptible, como sin razón. Mareaban mis sentidos, cansaban mi vista y mi voluntad... y corrí, y salí de allí... de lo gris, de lo común, del cansancio, de la ira. Y corrí, hasta que no reconocí nada.

De tanto correr mis pies se rompieron, y descalzo anduve, hasta que no pude más. El canto fantasmagórico de los chucaos anunciaba la muerte del *magrib* y la llegada de la oscuridad, mientras mis pies inmóviles se hundían y aprisionaban en la hierba silvestre. Los árboles ya no filtraban luz, y sus sombras espesas ahogaban cada uno de mis sentidos. El frio acarició mi espalda, y de mi pecho ya no oía nada.

Entonces en mi cabeza oí "SILENCIO", como el que bramaba aquel demonio en la lejana Libia, a orillas del rio Zaire, junto a los nenúfares gigantes y a la luna carmesí. Pero todo era calma, excepto mi alma, como muerta en el *Mokstraumen*, agitándose en la nada.

La luna oculta tras nubes oscuras e impacientes y la brisa tibia (excepto aquella que rasgaba mi espalda) me hicieron olvidar todo. Los días pasaban, mas, la noche no transcurría, y entonces mi cuerpo inmóvil ya desfallecido se mezcló con la hierba, y cerré los ojos, mientras me entregaba a los dolores y placeres de la naturaleza que me asfixiaba. Entonces una mujer, aquella que tanto esperé, apareció ante mí. Sentí el aroma de su cuello, y sumido en un encanto demoniaco y demencial, me vi saciando mi sed entre sus piernas. Mas, ¡no era ella! Descendiente de Lilim o de una *Alqarinah*, vi imágenes indescriptibles, y mientras yacía con borbotones de sangre en mis labios, cumplí cada uno de mis carnales deseos, a raíz de su sumisión absoluta hacia mí y de mi violencia desarraigada de conciencia y de cualquier tipo de retribución. Hasta que, con mi sed saciada en los colmillos, caí dormido profundamente... como si nunca hubiese descansado.

Luego de un tiempo incalculable, y sobrio ya de este trance demoniaco, me vi desnudo, moribundo y solo en medio de la noche. Sin orientación, ni brisa, ni montañas, ni ríos, ni puentes, ni construcciones... Al fin, estaba profundamente perdido. La hierba había cubierto el camino ya transitado, y entonces, esta vez, no olvidé.

Una voz lejana comenzó a escucharse, una voz profunda, gutural, omnipresente repetía mi nombre. Intenté levantarme, entonces un *ifrit* apareció ante mí, y sujetando mis extremidades, apretó su rodilla contra mi pecho y dijo: "*ALFAKHR HU FI AISTIQLAL ALNAAS*". Entonces me arrastró por el bosque hasta una casa abandonada, llena de mujeres jóvenes, hermosas, todas distintas, pero cubiertas de harapos, de cuya carne se olía el paraíso: una mezcla de miel, arándanos y dátiles. Las mujeres comenzaron a besar mi cuerpo, el cual se encontraba tumbado en el suelo, mientras arriba mío, una danzó con sus piernas abiertas y desnudas, al compás de un frenético deseo, y las demás tomaron mis brazos, mis piernas y mi cuello: lamiendo, mordiendo y rasguñando con sus finas y largas uñas. Hasta que el placer se transformó en heridas, sangre y un profundo dolor, y entonces me desmayé. Cubrieron mi cuerpo con telas negras y me arrastraron por algunas horas hasta un lugar húmedo, donde luego de decir palabras indescriptibles, me abandonaron.

Pagando el precio de la libertad con mis uñas, logré zafarme de la mortaja que cubría mi cuerpo despedazado: y me encontré en una cueva oscura y fría, y aunque grité como la presa que grita antes de ser devorada por su cazador, nadie respondió. Intenté buscar alguna salida, mas, solo había una densa oscuridad. Desesperado me arrastré a ciegas, mientras el suelo afilado rasgaba la piel y la carne de mis rodillas y manos, hasta que llegué a una pared de roca la cual poseía un pequeño agujero, como una ventana diminuta hacia otro lugar, pero imposible de traspasar. Entonces, miré hacia atrás para intentar escapar, pero me vi impedido, pues otra pared de roca cubría el camino ya transitado: como si la cueva estuviera con vida y me hubiese tragado y atrapado en una horrible pesadilla. Apenas podía moverme y respirar, mas, el aroma del infierno se colaba como una brisa gélida y me asfixiaba. Arrodillado, sin poder moverme, con las piedras enterrándose en mi piel, pretendí morir, pero no viví ni morí. Y entonces esta vez no olvidé, y en plena oscuridad, con las paredes apretando mi cuerpo destruido, con mis lágrimas bajando por la piel, en mi alma oí "ETERNIDAD".

Y oí las voces de quienes abandoné en aquella casona del cerro: algunos lloraban, mientras los niños reían y jugaban, y yo gimiendo de terror, oí sus pasos sobre mí, pasos desdichados que se alejaban, hasta que todo fue silencio y soledad. Entonces el *AlMalak* se apareció ante mi dejándome casi sin habla, y me maldijo entregándome el destino en la mano izquierda, y yo pregunté, con una voz jamás escuchada "¿Cuándo sucedió?", entonces el ángel se retiró, y el *djinn*: maldito susurrador, compañero de los adoradores del fuego y de aquellas que amarran los nudos, ¡seguro demonio!, me miró a los ojos con satisfacción. Y yo, no pude olvidar.

4. PRINCIPE ETERNO

Mis pies desnudos se hunden en el pasto húmedo.
La brisa tibia arranca las hojas de los árboles,
y la luz del sol atraviesa las copas que caen rendidas.
Y pienso...
¿Debo seguirte?

Allá, en lo profundo, te has ido,
abrigado por el calor de la tierra,
con los ojos cerrados,
como dormidos,
arrebatándome toda esperanza de encontrar un sentido.
Y pienso...
¿Debo seguirte?

Tu pequeño cuerpo,
tu risa,
tus abrazos espontáneos,
tu rostro escondido en mi pecho cuando temblabas de miedo...
Yo te pensaba eterno.

Y me hundo en la hierba para escuchar tus latidos.
Y pienso...
¿No es este un mal sueño?
¿Acaso debo despertar?

Una brisa me arrastra lejos.
Y la sigo a ciegas,
sumergido en la belleza de lo que fue tu tierna existencia,
donde la oscuridad ya no es más.

Y me hundo con ella.
Y ya no me pregunto.

Debo seguirte.
Pero no a través de la tierra,
donde en paz descansa tu pecho,
sino a través del vasto y eterno
azul profundo del mar.

5. AMIGA

Amiga,
tú, que me escuchaste cada día:
mis quejas, mis arrebatos,
mis risas y mis tonterías.
No sé cómo decirte
que mi beso y mi abrazo
fueron una última despedida.

Es que siento que ya no puedo
quitar de mi cabeza esta suave melodía,
donde el dolor desaparece,
y mi pecho contenido
se abre al universo infinito,
como el sol a mediodía.
Y revienta en luz.

Amiga,
no es el momento, ni es el día,
para decirte cuánto te admiro,
cuánto amo tu cálida compañía.
Y no sabes cómo siento
no estar a tu lado el resto de tu vida.
Pero la mía,
amiga,
no me deja abandonar
esta profunda y oscura melancolía.

Perdona mi imprudencia,
y el dolor que te dejo
con esta súbita despedida.
Es que ya no puedo,
pero tú ya sabías
que este día llegaría.

Pero amiga,
no te culpes.
Mis más felices recuerdos
fueron a tu lado,
desde hace tantos años,

cuando tomé tus manos de niña,
cuando la felicidad aún existía
en este corazón tormentoso
que nunca entendió este mundo,
ni las ganas de vivir la vida.

Pero amiga,
esta no es una carta de despedida.
Es mi eterno abrazo,
mis besos derramados
en frases eternas
y quizás, en un poco de poesía,
que te acompañarán en vida
por mi ausencia imprevista,
mientras mis caricias imaginarias
te susurran los más bellos recuerdos,
aquellos donde aún
sonreían mis labios.

Amiga,
hay una melodía irresistible
que me llama desde lo más profundo del mar,
y yo me pregunto
si de un abrazo
me hubieses podido atar,
atar a la vida de la que quiero escapar.
Si me hubieses ayudado a sentir, de nuevo,
algún atisbo de felicidad,
y me hubieses obligado a olvidar
esta suave melodía,
que me llama cada noche,
en cada viga, en cada puente,
en mis propias muñecas heridas,
en lo más profundo del mar.

Amiga,
me duermo con tu nombre en los labios.
Perdóname por entregarme al río escarlata
que fluye,
libre,
hacia el azul más profundo del mar.

Siguiendo la suave melodía
que canta la promesa
de mi pecho contenido,
abierto al universo,
sin fin.

∼ ☠ ∼

6. PROYECCIONES[1]

Sal de mi cabeza.
Sal de mi cabeza.
Sal de mi cabeza.
Sal de mi cabeza.
Que tu voz hace eco y no oigo lo que hay afuera.

Sal de mi cabeza.
Sal de mi cabeza.
Sal de mi cabeza.
Sal de mi cabeza.
Que no logro agarrar las manos
de quienes me quieren auxiliar.

Sal de mi cabeza.
Sal de mi cabeza.
Sal de mi cabeza...
Antes que haga lo que tu susurro
me insinúa.

Sal de mi cabeza.
Sal de mi cabeza.
Sal.
De.
Mi.
Cabeza.

Sal.
De.
Mi.
Cabeza.

_____

[1] Re imaginación del poema "%" de Dan Salvato para DDLC.

Antes que me convenza
y crea que no existe alternativa.

Sal de mi cabeza. Sal de mi cabeza. Sal de mi cabeza.
Que el frío farol titubeante,
y las sombras que proyecta,
cual fantasma de un pasado cálido,
no abran paso a mi ocaso.

Sal.
De.
Mi.
Cabeza.
Inconsciente susurro,
oscuro y fantasmagórico,
de acciones imposibles de volver atrás.

Sal de mi cabeza.
Sal de mi cabeza, sal de mi cabeza...
Antes que deje fluir
el arroyo carmesí
bajo el farol titubeante
que nunca debí abrir.

~ ☠ ~

7. ETERNIDAD

Palabras prolijas,
acariciadas tras párpados ciegos.
Música dormida.
Tu voz.
Versos eternos.

A Soledad en vano,
a Soledad acariciada.
Es que oí sus susurros ausentes
y me embarqué en navíos náufragos,
por encontrar un jirón de sus besos
cuando solo deseaba tus labios.

Desesperanza.

Esperanza fugaz.
¡No huyas de mi vida!
¡No te duermas, insustancial!

Niégame que el sueño
de mis versos tan heridos
ya fue en vano,
acabados y tardíos.
Que, si mi alma pudiere salvarse del Averno,
¡no sería a más causa que tu causa!

Que, si mi alma pudiere salvarse del Averno,
tu sangre, mi alma y la melancolía
no irían a recoger los despojos de mi vida.

¡Sálvame!
Y derrama, una vez más,
mi sangre
en la calidez
de tus labios.

~ ☠ ~

8. OJOS

Cierro los ojos, ahora,
en cada momento.
No quiero ver lo que hay enfrente,
ni quién me habla,
ni mi semblante,
ni mi cuerpo.

Cerrados,
como si no existiera de repente.
Como si nadie pudiera verme,
oculto en el silencio,
en el murmullo y en la gente,
en mí mismo,
en mi mente.

Mi boca,
con mi lengua complaciente,

en silencio.
Como viendo desde dentro,
dormitando en mi cabeza,
asomándome,
por los ojos entreabiertos,
como un espectador invisible,
oculto en mis adentros.

Silencio,
entre mis párpados.
Con los ojos bien cerrados.
Con los ojos nunca abiertos.
Duele un poco menos preguntarme:
¿a dónde pertenezco?

~ ☠ ~

9. ANSIEDAD

La noche,
en mi alma,
se vuelve tumultuosa,
mientras mi cuerpo me toma prisionero
de tus terribles y fantasmagóricos deseos,
de tus espejismos imposibles,
de culpa,
dolor
y sufrimiento.
Susurros de tu voz eterna,
la cual resuena en mis adentros.

Has despojado de mis ojos el sueño,
pero no has arrebatado
este doloroso cansancio de mi cuerpo,
disociando la realidad
y confundiéndola
con lo que me susurras desde dentro.

Quiero dejar de escucharte,
cerrar los ojos
y entregarme al descanso,
sin que me secuestres

en el trance infernal
de mantenerme por las noches despierto,
mientras me proyectas imágenes terribles
de un futuro incierto.

Abandona ya,
conciencia inconsciente,
este autosabotaje.
Que, si no silencias tus susurros,
este terror nocturno será eterno,
y ni tú ni yo podremos vivir más
en este cansado
y rendido
cuerpo.

~ ☠ ~

10. RESPIRAR

Las sombras corren tras de mí, imparables,
y me atrapan, violentamente,
desgarrándome,
aniquilando cada miembro de mi cuerpo,
desollándome...
mientras grito,
con la voz enmudecida en mi garganta.

Y me desangro,
y mis huesos son quebrados,
y mi alma es violentada,
y mi juicio, agotado,
y mis ojos, ensangrentados,
no logran percibir nada...

Pero sigo vivo.
Y respiro.

Y el corazón no cicatriza.
Y no muero.
¿Por qué?

Mis ojos abiertos,

ATARAXIA!

mis manos apretadas,
mi cuerpo indemne.
No hay sangre.
Pero mi alma sigue en su agonía.

¿Acaso no muero
si mi alma desfallece?

Mi corazón se acelera,
mis uñas se clavan en mis palmas,
la rabia, como fuego,
calienta mi sangre,
la impotencia es subyugada.

Es que la muerte se ha olvidado de mi cuerpo,
pero no ha olvidado
despojar de vida
a esta vacía
y cansada alma.

Las flores se pudren sin verte a su lado,
la escarcha pregunta por qué no regresas,

11. CUANDO SUPE QUE VENDRÍAS

Cuando supe que vendrías,
cuando supe que vendrías,
una brisa cálida acarició mi garganta.
No podía creer que al fin te conocería.
Mi corazón no se ocultó de mi mirada.
Era imposible que alguien supiera lo que sentía.

Cuando supe que vendrías,
cuando supe que vendrías,
una sonrisa se dibujó en mi alma,
y ni las nubes,
ni la lluvia,
ni la oscuridad —
a pesar de mis constantes tormentos —
fueron capaces de arrastrarme.

Cuando supe que vendrías,
cuando supe que vendrías,
me olvidé de las heridas
y me sumergí en recuerdos que aún no existían.
¿Cómo alguien podría saber cómo me sentía?
Caí de entre las nubes
y volé, embriagado de amor,
entre grandes campos de flores,
mientras la brisa me arrastraba en un vaivén de emociones
que no había sentido jamás.

Cuando supe que vendrías,
cuando supe que vendrías,
me prometí tomarte de la mano y no soltarla jamás,
protegerte con mi vida,
darte lo que nadie me había dado,
acurrucarte entre mis brazos,
amarte en cada suspiro
y ser, por ti, más fuerte de lo que jamás había sido;
curar cada una de mis heridas
y no dejarte, mi niña, jamás a merced de la oscuridad.

Pero un día,

ATARAXIA!

un oscuro día,
supe que no vendrías.
Y la oscuridad se hizo a merced mía.
Todas mis heridas contenidas sangraron,
y la fuerza se hundió con mis lágrimas.
Yo, que en mis sueños tanto te había prometido,
no pude protegerte con mi vida.

Cuando supe que no vendrías,
mi mente se volvió confusa.
Me sentí golpeado por la tormenta,
ahogado en la lluvia, enceguecido.
Y es que no pude tenerte en mis brazos,
y no tuve a quién culpar.

Cuando supe que no vendrías,
los recuerdos que aún no existían
se tornaron pesadillas.
Abrí todas las puertas buscando alguna luz,
pero solo había oscuridad.
Y por las noches escuchaba tus susurros,
y me los inventaba,
como una dolorosa melodía,
mientras escarbaba sobre mi alma destruida
los despojos de tu voz.

Cuando supe que no vendrías,
miré su hermoso rostro pálido,
su sonrisa desdibujada,
sus ojos inundados,
y sus labios apretados
con el dolor que solo una madre puede sentir,
palpitando en cada rincón de su cuerpo
un nombre que mis labios no pudieron decir.

Entonces un velo se cerró para siempre,
y los pasos se acrecentaron hacia un abismo
que no habíamos conocido.

Pero al final,
nuestros pechos apretados,

con la esperanza de encontrarte
tras la infinita espera del *Barzaj*,
luego de la muerte de la muerte,
en eternos parajes verdes, de flores y aves libres,
aceptaron respirar un tiempo más,
hasta ser dignos de encontrarte
más allá del *Sirat*,
en las ninfeáceas eternas,
en las albuferas cristalinas
del *Firdaus*,

con tu carita de niña...
aquella carita
que, en este mundo,
no conocimos jamás.

~ ☠ ~

12. CALMA

El zumbido en mi cabeza
no me deja escuchar la lluvia.
¡Cómo extraño la lluvia!
Tanto como extraño tu cuerpo frío,
el calor de mis piernas en tus piernas,
y, de tus labios, la dulce humedad.

Las voces en mi cabeza,
y su agitante coacción a sumergirme
en mis profundos y oscuros pensamientos,
no me dejan sentir tus susurros,
ni tus besos, rasguños, abrazos y caricias.
¡Cómo extraño tus caricias!
Y alguna palabra de amor,
que pueda oír
en el ruido intenso de esta profunda tempestad.

¡Cómo extraño tus mordidas,
mi sangre y tu saliva!
¡Cómo extraño sumergirme
en tu propia y húmeda oscuridad!

13. DECISIÓN

Cada noche me he ocultado
de aquella eterna compañera
que ha maldecido el tiempo,
que ha agotado la espera,
que ha abierto sus brazos esperando nuestro encuentro,
donde despojará del cuerpo esta alma somnolienta,
esta alma tan confusa,
como una eterna prisionera
ahogada en sus suspiros,
dormida en sus adentros.

Y es que en las noches me he ocultado
de aquella eterna compañera
que paciente me espera
desde el inicio de mi existencia.
Porque, aunque nuestro encuentro es inevitable,
al ser arrastrado por las circunstancias y el tiempo,
he temido que mis decisiones,
tan abruptas e impulsivas,
hayan acelerado ese encuentro,
abstrayendo de mis pasos
la vida, la gente y el tiempo.

Pero esta noche ya no le temo.
Y me levanto,
y arrastro mis pasos decididos
hacia aquel camino que parece tan estrecho.
Y cierro los ojos,
y sin dudarlo, me entrego.
Y me oculto del silencio,
y en su susurro, espero
aquella caricia danzante
de la sangre brotando por mi cuello,
cuando ella al fin arranque mi alma
de este agotado cuerpo
y me asfixie en un abrazo,
abandonando en un momento
todo lo malo y lo bueno.

Oh, muerte mía,
al fin he decidido abandonarlo todo
para cobijarme en tu eterno olvido,
tomado de tus desdichadas manos,
hacedoras de tristeza y melancolía,
destructoras del daño,
de la decepción y la rabia,
de la impotencia que aprisionaba mi alma,
de todo aquello que odio,
y de todo aquello que tanto amo.

~ ☠ ~

14. REQUIEM (EPIFANIA)

- PARTE 1

La muerte persigue por igual a los pobres y a los poderosos,
a los mendigos e intelectuales,
a los hijos y los padres,
a los jóvenes y los ancianos.
A las aves, los peces, las flores...
Hasta el tiempo, segundo a segundo, muere.

La sangre de nuestros antepasados yace,
y a nosotros no nos queda un tiempo especialmente largo
antes que la muerte venga a arrebatarnos
la ilusión que teníamos por vida.

Es parte nuestra,
y somos parte de ella.

Y es como el amor:
indomable, inevitable,
pues no se somete a nuestros deseos,
ni podemos escapar
cuando se ha asentado en el pecho,
arrebatando el último suspiro,
en el tiempo prefijado,
escrito en el mismo destino.

- **PARTE 2**

Qué desinteresada amante es la muerte:
no le importa la riqueza ni la suerte,
ni la juventud, ni el renombre.

Ajena a la belleza, que a veces es esquiva,
y al éxito que brilló en un tiempo ido,
ella llega sin aviso y cauta,
para dejar toda grandeza
perdida en el olvido.

Con su abrazo nos libera del tormento,
de las penas que el mundo nos ha tejido,
de la angustia, del sufrir y del lamento,
aliviando el corazón del decadente susurro
y de la culpa constante en nuestros pensamientos.

Qué paciente amante es la muerte.
Me mira a lo lejos, esperando el momento,
mientras amo, bailo y me divierto,
viendo cómo sufro en silencio,
entre tantas otras cosas...
por el desgaste del tiempo.

Por todo lo que he perdido,
por todos los que ya han muerto,
en un baile que parece infinito
y se mueve entre la paz y el tormento.

Y es que nunca busqué en este mundo el éxito,
sino amar en vida con el alma:
a ti, a los míos, a los nuestros,
a mi descendencia bendita,
a mi ascendencia amada —seres honestos—,
a la sangre de mi sangre,
y entre la gente, a los leales y sinceros.

Pero el tiempo no perdona,

y la muerte, cual amante paciente,
ha desgarrado el alma de mi cuerpo
y me ha invitado a su lado
a recorrer un camino imposible,
sin traza ni tiempo.

Y aunque las nubes negras me oculten el cielo,
me entrego a lo único certero.
Me voy a la espera finita
hasta el día del levantamiento,
a reencontrarme —si mi alma es redimida—
con aquellos que perdí en el tiempo:
a mi hija, a mis tíos, a mis abuelos,
a todos los que se fueron antes y después de este lamento.

Me voy triste,
pero en paz.
Porque sé que llegó mi momento.

Y aunque mi deseo dicte otra cosa,
la muerte —como dije—
no está sometida
a nuestras tristezas ni a nuestros deseos.

Tiene un plazo previamente fijado,
inmutable en el tiempo.

Me voy en paz,
esperando recibir en la diestra
los libros ya abiertos:
testigos honestos de mis actos,
de mis errores
y de cada uno de mis aciertos,
de mis profundos dolores,
mis amores,
y el más oculto de mis pensamientos.

No lloren, hijos míos,
porque su padre ha muerto.

Solo me he adelantado,

ya cansado de lo tanto que recibí en esta vida,
un poco en el tiempo,
a un destino certero,
que tiene un plazo fijado,
escrito en las Tablas,
susurrado por los vientos.

~ ☠ ~

15. ARTÍCULO 22, INCISO 2

El día parecía fácil.
Solo debía preparar la colación, armar el bolso del bebé
e ir a dejarlo a la guardería.

Pero mi jefe no dejó de llamarme desde muy temprano.
Insistente, amenazante.
Con tantas deudas, no podía perder el trabajo.
Y la ansiedad, junto al estrés acumulado, hicieron lo suyo.

Olvidé la colación en casa.
Olvidé hacer el bolso del bebé.
Y olvidé bajar a mi hijo del auto.

Me di cuenta demasiado tarde.
Habían pasado varias horas.
El sol quemaba dentro del vehículo.

Cuando lo sostuve en mis brazos,
y lo sentí inmóvil y frío,
decidí también olvidar…

Colgado de un árbol.

~ ☠ ~

16. FIESTA DE DESPEDIDA

Ella esperaba en la parada del recorrido B27
con lágrimas en los ojos.

La micro llegó.

Subió buscando un asiento vacío
en un bus lleno de pasajeros cansados.

Se sentó junto a un hombre mayor
que sollozaba tímidamente.

—¿Qué le pasa? —le preguntó.

Él respondió, con la voz quebrada:

—Voy al Hospital San José.
Mi esposa... acaba de fallecer.

Ella se quedó en silencio.
Sintió pena por él.
Y por ella misma.

Iba en camino al mismo destino:
a reconocer el cuerpo de su hija.

De la cual, tampoco,
pudo despedirse.

∼ ☠ ∼

17. REFLEJO

Lo amo,
casi tanto como lo odio.
Reflejado en el espejo,
mirando su cuerpo descuidado,
un poco enfermo,
desgastado y cansado,
con el corazón y su ritmo acelerado.

Lo amo,
casi tanto como lo extraño.
Extraño su pensar inquieto,
sus palabras elocuentes,
sus silencios sin motivo,
su presencia ausente,
capaz de pasar casi inadvertido,

su presencia imponente,
cuando se torna rebelde
y sale abrupto de las sombras
que lo mantenían oculto.

Amo sus amores eternos,
su lealtad sincera,
sus adentros oscuros,
su mente que pareciera estar siempre en tormenta:
a veces triste,
a veces alegre,
a veces disociado,
a veces profundamente enojado.

Lo amo.
Pero a veces,
quisiera arrancarlo de este plano.
Lo amo,
pero no siempre lo he amado.
Y lo dejo desgastarse,
hundirse en sus adentros.

Y nos perdemos ambos,
en un lugar
donde reina todo,
excepto el silencio.

∿ ☠ ∿

18. PARTIDA

¿Cómo puedo deshacer este día?
¿Contra quién evocar mi rabia,
si has sido tú quien ha derramado su propia vida
por un sufrimiento que no acabo de entender?
Como un día que no acaba,
bajo una oscuridad subyugante
y una realidad que me es imposible aceptar.

¿Cómo puedo invocar al olvido,
si mi alma es parte de la tuya,
y ella se ha ido contigo... para siempre?

ATARAXIA!

Pero yo, caído y enceguecido,
aún estoy aquí... ¿por qué?
¿Para luchar contra tus demonios?
¿Para someterme a mis pensamientos más oscuros?
¿Para comprender lo incomprensible?

Y adormecido, tu recuerdo me atrapa,
aniquilando cada rincón de mi alma,
mientras grito y mi voz resuena en mi garganta.
Pero nadie atiende mi angustioso llamado.
Ya no soy capaz de preguntarme nada.
Ni de luchar contra tus demonios.
Porque hay un sufrimiento que me agobia.
Y es mi alma la que ya no vive sin la tuya.
Es mi vida la que ha escapado con tu vida.

Y aunque no espero encontrarte tras la muerte,
al menos habré silenciado la agonía.

Mis latidos se ralentizan,
mis manos caen abiertas y lánguidas,
y la rabia —como fuego—
acelera la sangre que escapa de mis venas.
La impotencia no es subyugada.

Mis brazos heridos tiñen de escarlata
aquella fría agua que cubre mi cuerpo,
y dibujan tu recuerdo sobre el lienzo de mi alma.

¿Acaso no desfallece el alma si el cuerpo muere?
Y es que no espero encontrarte tras la muerte,
pero será esta muerte mi olvido,
un suspiro de advertencia,
un recuerdo permanente para quienes no supieron escuchar.

Porque no hay paz en esta vida.
No hay paz sin ti en esta vida.
Y en la soledad...
el alivio ya no lo hallaré jamás.

19. PANUL

A MI PEQUEÑA NIÑA
"Y llegar vivo a los infiernos
Arrastrarme por los tormentos
A través de ciudades malditas
Inventadas y tejidas por la mente
De aquellos que han sido malditos hasta encontrarte

Y escabullirme de los demonios
De las imágenes escabrosas de mi inconsciente
Del némesis que te persigue
para desgarrar a través de mi alma
Mi carne y mis huesos
Usando la culpa como moneda de sangre
Pero no dejaré de respirar hasta encontrarte

No en los infiernos ausente de almas
Y plagadas de sombras que se burlan de la esperanza
Pero, aun así, caminaré,
entre gritos que desangran el silencio.
Porque incluso en este mar de condena,
te buscaré hasta que el último suspiro
se haga ceniza en mis labios."

Se dice que la profecía fue dividida en 99 partes, y que luego de la muerte de los antiguos profetas, quedó solo una parte entre nosotros... los sueños verídicos.

- Parte 1: Sueños.

Soñé varias noches lo mismo.

La primera noche: Yo estaba dentro de una casona sobre un cerro, una casona de grandes ventanales. Afuera, había mucha gente. Todos reunidos, sonrientes. Yo estaba con mi familia. Estaban todos, menos mi hermano.

Los que estaban afuera comenzaron a irse, y bajaron unas escaleras.

Nosotros los vimos desde arriba, sin acércanos a las ventanas. Algunos comenzaron a llorar. Mi hermano fue el último en bajar. Desperté.

La quinta noche, desperté habiendo soñado lo mismo. No pude seguir durmiendo. A las 7am llamaron a mi teléfono avisando que mi hermano estaba desparecido. Pensé lo peor.

Era septiembre, un mes feliz por la llegada de la primavera, pero a su vez el mes que tiene los días más grises. No sé si será por el cambio de clima, pero algunos días ando muy triste sin motivo alguno. En el caso de mi hermano es peor. Lo veo a veces, algunos fines de semana, siempre se ve tranquilo, pero sus ojos, especialmente durante ese mes, se ven tristes, cansados. Sonríe a la fuerza. Murmura o habla temas fáciles de digerir para no mostrar lo que está viviendo en su interior. Se que alguna vez intentó hacerse daño. Por eso, en septiembre, a veces, espero lo peor.

Ese día lo buscamos por todas partes, pero no lo encontramos. La sexta, séptima y octava noche, apenas pude dormir, sin soñar nada que recordase al despertar. Pero a la novena noche, volví a tener el sueño, pero con un final distinto. Cuando todos se fueron y el bajó las escaleras, yo abrí las puertas de la casona y lo seguí para detenerlo. No soportaba la idea de perderlo, pero se me perdió de vista cuando salió de las escaleras a un extraño bosque. El bosque lo reconocí enseguida. Desperté.

Ese bosque lo había visto en muchos sueños, incluso cuando más joven hice algunos dibujos de ese bosque, aunque nunca lo comenté con nadie. Comencé a investigar y llegué a una historia interesante.

En los confines de mi ciudad, hay un bosque esclerófilo nativo, justo donde comienza la cordillera. Cuando era niña, pasé cerca de ahí muchas veces, y siempre me llamó la atención una gran cruz blanca, hecha de ladrillos, justo al terminar una de las calles principales. En frente, como si fuera una señal, una historia escrita entre las grietas vivas de aquella cruz, perdida en medio de una ciudad que avanza sin mirar atrás.

Atrás de esa cruz, arriba de las últimas casas que hay en las faldas de la cordillera, ocurrió hace casi un siglo, una masacre que marcó el lugar para siempre. Mientras investigaba sobre ese lugar, encontré un texto redactado alrededor de los años 80, de un antiguo periódico de mi ciudad, ya inexistente:

"En el invierno de 1891, el Bosque se tiñó de sangre bajo el manto de la Guerra Civil. Fue allí, en la tranquilidad aparente de esos árboles antiguos, donde el conflicto entre las fuerzas leales al presidente y el bando congresista alcanzó uno de sus episodios más oscuros: la Masacre de Lo Cañas.

Los leales al gobierno habían capturado a un grupo de jóvenes, muchos de ellos apenas mayores de edad, simpatizantes del bando congresista. La batalla ya no era justa ni honorable; las líneas de la guerra se habían desdibujado, y lo que quedaba era solo rencor, odio y la sed de venganza. Los prisioneros fueron llevados al bosque, para que su ejecución se convirtiera en un acto de advertencia y dominación.

La noche era densa, y el bosque parecía un muro de sombras y silencio. Los jóvenes fueron obligados a caminar por senderos estrechos, encadenados unos a otros, escoltados por soldados cuyos rostros no reflejaban compasión. Algunos prisioneros lloraban en voz baja; otros murmuraban oraciones, mientras sus pasos resonaban como una procesión condenada.

Al llegar a un claro del bosque, los soldados hicieron un alto. Uno de ellos, dio la orden de arrodillarse. "Aquí terminan sus días", dijo, con una voz que no temblaba. Los jóvenes, comprendiendo su destino, comenzaron a clamar por sus vidas. Pero las súplicas no tuvieron eco en el corazón endurecido de sus captores.

Los disparos rompieron la quietud de la noche, y el suelo del bosque absorbió la sangre de las víctimas. Uno a uno cayó sus cuerpos inertes mezclándose con la tierra húmeda. Algunos no murieron al instante; se escucharon gemidos y gritos ahogados mientras los soldados continuaban con su labor, asegurándose de que nadie saliera vivo.

Cuando todo terminó, el claro quedó en silencio, pero no era un silencio pacífico. Los soldados recogieron las armas y abandonaron el lugar, dejando los cadáveres sin entierro, como un recordatorio de lo que les esperaba a los que se oponían a ellos.

Con el tiempo, la gente del lugar comenzó a hablar de cosas extrañas en el boque. Decían que, en las noches más frías, se oían llantos y murmullos que el viento no podía llevarse. Los visitantes evitaban el claro donde había ocurrido la masacre, pues juraban haber visto sombras que se movían entre los árboles, sombras que no tenían cuerpo pero que llevaban el peso de una condena eterna.

El bosque, una vez un refugio para quienes buscaban la paz de la naturaleza, se convirtió en un símbolo del horror humano. La Masacre de Lo Cañas no solo marcó la historia del país con su brutalidad, sino que dejó un eco persistente en el bosque, un lugar donde las almas de los inocentes parecían no haber encontrado descanso.

Hasta el día de hoy, los visitantes del bosque cuentan historias sobre susurros que parecen llamar desde las sombras, como si las víctimas aún buscaran justicia o una voz que las recordara en medio del olvido."

Al otro día ya se cumplían 10 desde la desaparición de mi hermano. Arreglé mi mochila, iba con una linterna, algunas cosas para comer y agua. Salí temprano, y llegué a la entrada del bosque, arriba de los cerros cordilleranos antes de las 9 de la mañana. En la entrada había algo de movimiento, algunas patrullas de la Brigada contra incendios forestales, seguridad ciudadana y carabineros. Los ciclistas y algunas personas que subían a caminar por los senderos estaban mirándolos, tratando de entender que pasaba. Decían que hace unos días se había perdido un adolescente y que algunas personas lo vieron entrar a estos cerros cordilleranos. Y que su padre, ayer, había venido a buscarlo, y tampoco salió del bosque, por lo que, ante la llamada angustiada de sus familiares, llegaron las autoridades hoy temprano, a buscar por los senderos.

Ante esto, me alejé de la entrada principal, hecha casi de manera artesanal, con unas rejas de malla de rombos, y una entrada marcada por un portón de madera y fierro, que indicaba el inicio del bosque, dentro de los caminos cordilleranos.

Caminé, hasta que encontré una entrada improvisada, con la malla rota, en el lado lateral de uno de los cerros donde crece este bosque. Y fui alejándome de los senderos, hasta que lo vi. El bosque se alzaba imponente bajo el cielo gris, con sus árboles esclerófilos enredados como si trataran de ocultar un secreto antiguo.

Decidí entrar sola al bosque, el cual iniciaba con algunos espinos, hasta que entre peumos, boldos y quillayes dejé atrás la luz espesa del sol que pasaba entre las nubes grises de ese día. Caminé, siempre alejada de los senderos, por un camino marcado por el instinto, como arrastrada por un imán o por demonios invisibles, y caminé hasta que el crepitar de las hojas secas bajo mis pies se mezcló con un silencio pesado, antinatural. Parecía que el aire se detenía entre los árboles.

Ya no se escuchaban las aves, ni los insectos con su extraña melodía. Las hojas ya no se movían, y tras de mi solo había sombras, que dibujadas por los árboles parecían que me acompañaban en cada paso.

Luego, tras unos segundos sentí un llanto masculino, entrecortado, acompañado de frases apenas audibles. Pensé que quizá eran ecos de algún caminante perdido, pero los sonidos aumentaron, resonando directamente en mi oído como si alguien susurrara desde el vacío. "¡Vete!" rugió una voz áspera, helándome la sangre.

Me asusté, así que traté de caminar hasta el claro que se veía más adelante, lejos de donde se oía aquella voz humana, masculina, pero con frases ininteligibles.

Caminé rápidamente, el claro apareció de golpe, como si el bosque se hubiera abierto solo para mostrarme algo que no debía ver. El silencio ahí era distinto: no el de la paz, sino el del miedo contenido, como si el lugar mismo estuviera aguantando la respiración.

Y al centro del claro, estaba ese árbol, pero no era uno, eran muchos fundidos en una sola masa retorcida, como si se hubieran enredado entre sí para sostener el peso de lo impensable. Parecía crecer hacia adentro, como si ocultara algo más que raíces. Era como si muchos espinos hubiesen crecido como enredadera entre sí, unos afirmándose con los otros, por cientos de años, haciendo un solo y gran árbol. Con grandes y firmes ramas, que sobresalían en su tamaño y grosor respecto a los otros árboles que estaban en este bosque.

Este árbol, estaba en medio del claro, un claro fúnebre, sin color, sin verde, sin vida. Y en el árbol, casi como un adorno, colgaban dos personas. Un adolescente, que oscilaba apenas con el viento que no se sentía, con los ojos vacíos, como de vidrio empañado, con una mueca en la cara, un rostro sin expresión, y un hedor que indicaba que llevaba allí un par de días. A su lado, en una rama un poco más alta, colgaba un hombre más adulto, parecía tener el doble o triple de la edad del joven. Sus ojos estaban abiertos, pero su piel todavía tenía color. Sus pies aun se movían casi como por espasmos. Era como si alguien, o algo, lo hiciera temblar desde dentro. Quise ayudarlo pensando que quizás aún estaba vivo, pero mis pies tropezaron con algo duro. Cuando miré, solo vi una vieja cruz de madera semienterrada, cubierta de espinas las cuales traspasaron mis zapatos. Cuando me agache para sacarlas un escalofrío aun mayor, recorrió mi cuerpo. Sentí como si una mano invisible me apretara el brazo y me arrastrará lejos del hombre agonizante. Sentí dedo a dedo, como si una mano se cerrara sobre mi brazo. No vi a nadie. Pero juro por todo lo que soy, que alguien me sujetaba. Y me susurró algo sin lengua, sin boca, directamente al centro de la mente: *"Este no es tu muerto."*

No había nadie allí, pero podía sentir la fuerza de una presencia. Olvidé al hombre colgado y a las policías que estaban algunos kilómetros más abajo buscando al padre y su hijo, equivocadamente entre los senderos. Solo pensé en mi hermano, y corrí lejos del árbol, hacia la espesura del bosque que crecía mientras el camino se hacía cuesta arriba, y me llevaba hacia la boca de la cordillera.

- Parte 2: La casa

Ya, varios kilómetros lejos de los senderos, de la entrada al bosque, y de cualquier lugar fácilmente reconocible, vislumbré un riachuelo. Caminé por el lado del riachuelo, mientras el sol ya estaba en su tercer cuarto, y su color se había tornado profundamente naranja, dibujado entre las nubes que parcialmente lo cubrían, y los árboles que espesamente se movían dibujando sombras en el suelo verdoso de la vegetación. Parecía otro bosque, no un bosque acostumbrado a la sequedad, sino a un bosque que crecía apacible y gigante, libre del daño de la gente y su humanidad. A lo lejos vi una casa. La casa se veía deteriorada, abandonada hace decenios, con las ventanas clausuradas con madera y clavos, y las puertas trancadas.

Hubiese seguido de largo si no estuviese buscando a mi hermano, y es que, algo me arrastraba hacia este camino sin huellas, como si de algún lugar me estuviera llamando.

Cuando encontré la entrada trasera de esta gran casa de dos pisos, me di cuenta de que la puerta estaba abierta. Era la única que no estaba trancada ni con clavos ni trozos de madera bloqueando el paso.

Entré a la casa, y dejé la puerta abierta, afirmándola con un tronco que había cerca de la entrada. Pero apenas avancé por el estrecho y oscuro pasillo, de color verdoso oscuro, la puerta se cerró de golpe. Corrí hacia ella y traté de abrirla, pero no fue posible. Era como si alguien detrás de esta puerta estuviese afirmándola con todas sus fuerzas para que no pudiera salir de ahí.

Me di media vuelta, y lentamente decidí revisar la casa, para encontrar a mi hermano, alguna pista o una salida de esta maldita pesadilla. Sentía escalofríos por todo mi cuerpo, y a veces no sabía si las cosas que había estado escuchando o viendo desde que entré a este bosque, eran reales o producto de mi imaginación.

La casa tenía un olor propio, entre polvo, humedad y oxido o sangre. Busqué en mi mochila y saqué la linterna, tomé un poco de agua, agachada y nerviosa, pero solo pude tomar un sorbo porque sentí un sabor metálico y salado.

La casa parecía ser un laberinto, con múltiples habitaciones a un lado y al otro, pero ninguna sala principal. Tampoco se veían a simple vista las escaleras para subir al segundo piso. Caminé por el pasillo, lentamente, tratando de no hacer ningún tipo de ruido fuerte, hasta que el pasillo se acabó, y me encontré con una pared de concreto. Mi boca se secaba, mis labios estaban partidos, como si no hubiera ingerido líquidos durante horas. El estrecho pasillo no tenía salida, la distribución no tenía ninguna lógica. Y en las murallas solo se veía un viejo papel mural verde con un rojo desteñido. El piso de madera tenía manchas color café y blancas grisáceas, aunque con mucho polvo. Sabía que tenía que devolverme, y comenzar a revisar las puertas que pase de largo intentando llegar a las escaleras o a algún salón central.

Por lo que me devolví, y planeé intentar abrir las puertas, partiendo siempre por la derecha, para no desorientarme. La primera puerta no abrió. La puerta que estaba en frente tampoco. Luego, me topé con otra puerta, esta vez la cerradura cedió, pero en cuanto moví la puerta escuché un grito salvaje, como de un animal grande, por lo que la cerré inmediatamente. Mi corazón saltó y comenzó a latir muy fuerte, y me di cuenta de que no tenía nada con que defenderme.

Intenté abrir la puerta del frente, pero estaba cerrada. Sin embargo, me di cuenta de que si la intentaba forzar posiblemente abriría. Por lo que comencé a golpear donde estaba la cerradura, hasta que finalmente esta se rompió y la puerta se abrió. Era una especie de biblioteca, con libros llenos de polvo y un escritorio desordenado. En el escritorio había una foto de una familia, 4 personas y un gato. Las caras estaban borradas, aunque la escena me parecía extrañamente familiar.

Alumbre con mi linterna el fondo de la habitación, y había una puerta. La puerta tenía una mancha de sangre fresca en su lado derecho inferior, casi tocando el piso. Moví la linterna hacia el lado derecho, más allá de la puerta, y se encontraba la mitad de un gato, con sus vísceras afuera. Es como si alguien hubiera cerrado la puerta con tanta fuerza que partió al gato por la mitad. No quise seguir por ese camino, y me devolví, lentamente, cerrando la puerta.

Solo quedaban dos puertas más. Más allá volvería a la puerta de entrada trasera la cual estaba atascada luego que se cerrara violentamente. Empecé a escuchar pasos detrás de mí, pasos lentos, que venían desde el otro lado del pasillo. No quise mirar atrás, y traté de abrir la puerta derecha. Abría, pero no entera, y se escuchaba una cadena al intentar moverla. Rápidamente abrí la puerta del frente, a la cual pude entrar sin problema. Era una habitación roja, lo pude notar por la linterna. La habitación estaba completamente vacía, parecía un cubo perfecto. No poseía ventanas, muebles, cuadros, absolutamente nada. El piso tenía una vieja alfombra roja. Justo frente a mí, al otro extremo, había una puerta clausurada. Al lado derecho, otra puerta entreabierta. Parecía la entrada a un closet, pero en realidad daba a otra habitación, mucho más pequeña. Entré, estaba también vacía. Solo había murallas y un olor fuerte a moho y metal. Me devolví a la habitación roja, y me di cuenta de que justo al frente mío, en la pared que se supone no tenía una puerta, en realidad si tenía. No sé si al principio no la vi, o ahora apareció ahí, parece una locura. La puerta tenía el mismo color que la pared. Abrió inmediatamente, y fui a dar a otro pasillo en forma de L, cuyo extremo me llevaba al otro de la habitación con el gato partido en dos. No tenía más opciones. En el pasillo había escuchado pasos, y la única otra puerta abierta, tenía un animal dentro que rugió en cuanto me escuchó. Dado esto, abrí lentamente la puerta. Al medio de la habitación, estaba la otra mitad del gato, pero la sangré estaba seca, de color café, y del gato quedaba casi nada, junto a unas pocas larvas de mosca y gusanos. Esto fue totalmente extraño, ya que la otra mitad estaba fresca, como si el incidente hubiese ocurrido recién.

Tras de mi volví a oír los pasos, cada vez más fuerte, al otro lado de la habitación había unas escaleras de madera, era una escalera angosta y pronunciada, subí corriendo, aterrada por la imagen del gato y del ruido que se hacía cada vez más intenso tras de mí.

Llegué a un segundo piso, mucho más amplio que el pasillo que me ahogaba en su densa oscuridad y su hedor a moho, sangre y metal. Llena de terror vi que tenía 3 diferentes puertas. Las ventanas estaban clausuradas con madera clavada, por lo que ni siquiera podía mirar para fuera, y solo podía ver un poco entre la espesa oscuridad gracias a la linterna que aun traía conmigo.

Mis labios estaban aún más secos, pero esa sequedad llegaba ya a mi garganta. En el pecho sentía una presión que solo aumentaba, y a pesar del miedo y los sobresaltos, mis pálpitos se hacían cada vez más lentos. Intenté abrir las puertas, pero estaban todas cerradas.

Los pasos se hacían más fuertes, así que nuevamente lo intenté con desesperación y mucha más fuerza: la puerta se abrió. Dentro, había 2 cuerpos, con la ropa sucia, sin rostros. Sin embargo, no había sangre, ni hedor a muerte. Parecían como dormidos, con la cara pegada al suelo. Intenté apuntar con mi linterna a otras partes de la habitación, pero no se veía nada más que una agobiante y sofocante oscuridad. Salí rápidamente de la habitación, y fui a la segunda, que estaba justo frente a las escaleras. La puerta estaba entreabierta, y dentro, había una mujer sentada en una gran mecedora. La mujer miraba a la puerta con sus grandes ojos negros, pasando sobre mí, como si yo no existiera. En sus brazos sostenía a un hombre desfallecido. ¡No podía creer lo que estaba viendo! Cerré de un golpe la puerta, y entonces perdí la conciencia. Y sí, soñé.

- Parte 3: Infierno

Soñé que caminaba por un sendero hecho de voces.
Las hojas no crujían bajo mis pies;
susurraban mi nombre.

Soñé que el cielo era un manto de polvo suspendido,
y que el bosque no era un bosque,
sino una memoria que me envolvía como una manta húmeda.

Soñé que volvía a la casona del cerro,
esa con los ventanales grandes,
y que otra vez, todos estaban ahí.
Sonreían.

Uno a uno bajaba las escaleras.

Pero esta vez, yo también bajé.
Lo hice sin miedo.
Lo hice sabiendo.

Mi hermano me esperaba al final.
Tenía los ojos tristes,
pero ya no los ocultaba.

Cuando tomé su mano,
todo el dolor se disolvió.
No porque se fuera,
sino porque ya no importaba.

El bosque nos rodeó como un abrazo de raíces y sombra.
Y entonces comprendí.
No era el fin.
Era el regreso.
La parte que faltaba.

- Parte 4: Aceptación

Entonces, desperté. Frente a mí la puerta seguía cerrada. Pero a mi izquierda la puerta antes cerrada estaba abierta, y la puerta llevaba a unas escaleras que volvían abajo, pero se notaban muchos más largas, bajo una oscuridad asfixiante. Me pare, y bajé por las escaleras como si me llevaran de la mano, como si algo —o alguien— supiera que yo iba a llegar ahí desde el principio.

Abajo, no había habitaciones. Solo un pasillo. Y al final, una puerta entreabierta, tan negra que parecía absorber la linterna. Dentro, no había ventanas. Solo un espejo.

Un espejo antiguo, alto, manchado por los años. Y en él… mi hermano.

No era un reflejo. Estaba ahí, de pie, mirándome. Pero no me miraba a mí. Me miraba a través de mí.

Me acerqué. Quise tocar el vidrio, decirle que lo encontré, que lo buscaba desde hacía noches. Pero mi voz no salió. Solo un murmullo que no reconocí como mío.

Entonces lo vi.

No era solo mi hermano. Detrás de él, reflejados en la nada, estaban los otros. Los del árbol, los del bosque, los del sueño.

Y entonces lo comprendí. Yo no estaba ahí para salvarlo, yo estaba ahí porque él me llamó. Porque esa profecía... esa parte 99, la tenía yo.

Y los sueños verídicos, no son solo advertencias. Son caminos. Toqué el espejo, fue como tocar agua. Sentí un abrazo frio desde mi espalda, y el mundo, se apagó.

- Epílogo

Días después, los rescatistas encontraron su mochila vacía junto a un arroyo, su linterna sin baterías, y un cuaderno con páginas arrancadas.
Nadie volvió a hablar de la casa. Ni del claro, ni del árbol. Solo quedó el bosque, esperando al próximo que sueñe.

20. REVOLUCIÓN (ALMA)

Y despojaré del mundo mi alma,
y dejaré atrás los cielos, la luz del inmenso dolor arraigado en mi pecho,
y situare mi hálito en los templos de aquella sombra infinita,
no daré al día mi dolor, ni veré mis manos ni mi rostro reflejado en el
umbral de mi puerta,
caído por caricias de lluvia afueras de mi lecho.

Y despojaré del mundo mi alma,
y acabare mi razón según mis sentimientos
y mi mente no callara mi espíritu, aunque la demencia la atrape en dolor.

Que el silencio que caiga ante mi amar, ante mi herida, ante mi odio, y mi
mente
¡no callen a mi esencia jamás!
 por qué no he sido creado en razón,
estoy hecho de alma, de alma y dolor.

0a416c20616c656a61726e6f73206465656c20616269736d6f2c206c6f207175
652071756564616d6f7320736f6e206c6173206875656c6c6173206465206
c61206361c3ad64612c206c61732063696963617472696963657320646520686
162657220746f6361646f20656c20666f6e646f2e20592061c3ba6e206173c
3ad2c20656c20766163c3ad6f206e6f206e6f73206162616e646f6e6120706
f7220636f6d706c65746f2e204e6f732073696775652c206163656368612c2
07065726f207961206e6f20657320656c206d69736d6f2e20536162656d6f
732071756520736520656e6375656e7472612064656e74726f206465206e
6f736f74726f732c20717565206c6f207175657206756d6f7320636f6d6f207
56e20616269736d6f2065732c20656e207265616c696461642c206c612070
756572746461206120206c61207472616e73666f726d616369c3b36e2e20416c2
066696e616c2c20656c20616269736d6f20736f6c6f206578786973746520733
69206c6f207065726d6974696d6f6973322e0a

ATARAXIA!

V. LUZ

No hay sombra que se escape,
cuando la verdad quema.
La luz no pregunta,
solo revela lo que fue,
entre tormento y paz.

ATARAXIA!

21. FLOTAR

Quiero susurros de calma y tranquilidad.
Mirar los inmensos cielos abiertos,
abandonar el sobre pensamiento
y entender que mi existencia flota,
en un breve fragmento
del universo y su eternidad.

~ ❤ ~

22. MI CARTA DE DESPEDIDA

Esto podría ser otro intento de escribir algún cuento, un poema de esos extraños que desde hace tanto tiempo escribo y que me liberan un poco de la realidad. Pero no. Esto es una carta, escrita por mis manos, pero dictada por estos pensamientos persistentes y los susurros de mi corazón.

Se dice que para suicidarse hay que ser valiente. No hay afirmación más alejada de la verdad. El suicidio es un momento de agobio, donde la respiración ya no está en sintonía con tus latidos, donde tu mente te atormenta día y noche, donde no puedes dormir por el peso espectral que se posa sobre tu pecho y te hace tener, con los ojos abiertos, las más terribles pesadillas. Donde tu cuerpo te desgarra en cada paso. Es el paso casi natural hacia un escape total de algo que parece no tener salida ni fin.

¿Hay una vida después de esta vida? ¿Acaso seré castigado en los infiernos por dejar fluir mi sangre en una tina fría? ¿Tras quebrarse mi cuello colgado de la viga, seré señalado y enviado a vivir castigado por la eternidad? La verdad es que la aflicción es tanta que nada de eso cruza realmente la mente. Y si lo hace, aun así, esa opción parece mejor que quedarse aquí.

Se dice que para suicidarse hay que ser valiente. No. Para quedarse aquí y afrontar los fantasmas que persiguen tu mente hay que ser valiente. Para soportar el dolor, mientras te decides a entender que esto se puede superar, hay que ser valiente. Para enfrentarte a tus miedos más terribles, a entender que tu mente jugará en tu contra cada segundo y aun así sonreír y seguir adelante, eso es ser valiente. Para decidir buscar ayuda, entender que hay una salida, que el gatillante de tanto dolor es pasajero; hay que ser valiente. Para soportar los latidos irregulares, los insomnios más terribles, las desilusiones más injustas, los abandonos más difíciles, mientras aprietas con los dientes tus lazos, te apoyas en la gente que realmente está ahí para ti, y te decides a salir de ese pozo de oscuridad que tu mente ha construido, hay que ser valiente.

Después de haber sostenido la cuerda con mis manos, de haber esperado el metro más allá de la línea amarilla, de haber escupido veinte pastillas de mi boca, de haber corregido la ruta de mi auto a segundos de estrellarme contra una barrera... Después de que la adrenalina ha disminuido, que la rabia se ha distendido, que el dolor ha menguado, que la respiración y el pulso se han calmado... he entendido que la decisión de seguir adelante, de darle una nueva oportunidad a la vida —a la única vida que tengo y que nada ni nadie podrá devolverme— ha sido la mejor decisión que jamás pude tomar. Qué inútil habría sido el arrepentimiento cuando, ya entregado a la muerte, nada pudiera salvarme. Habría abandonado todo lo que amo por cosas que, en realidad, son pasajeras. Y entonces, he vuelto a sentir con paz los abrazos de mis hijos, la respiración cálida de mi esposa, las palabras dulces de mis padres y hermana, las manos tibias de mi familia y amigos... mientras me doy cuenta de que aquello que me hundió hasta el punto de perder toda luz era, al final, superable.

- Las brisas refrescantes del verano

- La dulce melodía de las lluvias y el viento nocturno

- El canto infinito del mar y de las aves

- El murmullo de la gente alegre

- Las risas de los niños, de mis niños

- El abrazo cálido y sincero de quienes están contigo

- El olvido y el aprendizaje

- La esperanza después de una pérdida

- La sonrisa amable de un desconocido

- El trabajo logrado y la lucha por una causa justa

- Entre tantas otras cosas...

Son infinitamente más valiosas que una situación injusta, que una persona cobarde que te hizo daño, que un amor perdido, que el agobio perpetuo por una pérdida inevitable, que el rechazo de gente que no te suma, las habladurías de terceros y la hostilidad de los injustos. El mundo es lo suficientemente amplio como para dejar atrás lo que debe ser dejado atrás y alcanzar lo que anhelas alcanzar, para luchar por lo justo... y disfrutar de lo que mereces disfrutar, hasta que tu día llegue. Y que, en vez de irte cegado por la angustia, te vayas en paz, contigo mismo y con la vida que te tocó vivir.

Por eso ya no temo luchar por salir de la oscuridad que a veces atrapa mi mente. Porque la risa de mis hijos, las caricias de mi esposa, los abrazos de mi familia y los momentos con quienes amo, la certeza en el destino y en la provisión del Señor de los Mundos, me dan la fuerza necesaria para vivir, luchar, disfrutar y ser feliz, en medio de este mundo turbulento, hasta que llegue la hora en que mi alma sea tomada y llevada al *Barzaj*.

No sé quién seas ni por qué me lees. Pero si alguna vez te sientes tan mal como para querer abandonarlo todo, intenta imaginarte en ese instante donde ya no hay marcha atrás... y piensa en todo lo que dejarás y nunca volverás. Piensa en el dolor que causarás. Piensa en la pérdida de tu única y preciosa vida. Y compáralo con la causa de tu agonía. Entonces comprenderás que nada —nada— de eso tiene el peso suficiente como para merecer que le entregues tu existencia.

Respira hondo. Busca ayuda, incluso desde el abismo. Y encuentra tu paz.

∿ ♥ ∿

23. LLUVIA

Quiero sentir del alba
la brisa perfumada de petricor y leña,
caminando en calma,
en la bruma pasajera
prestada a este pueblo por el mar.

Quiero del mediodía

el olor a leña,
el pan horneado
y el alma encendida,
recitando al viento cantos de rebeldía.

¡No quiero otro mediodía!
Si no escucho de la lluvia,
de la lluvia que me mece de noche
con su suave melodía.
Lluvia que, cuando cae,
me calma como se calma a un niño
de los pensamientos más intensos
y de las más terribles pesadillas.

¡Cómo extraño la lluvia!
De mis sueños, ajena.
¡No, no quiero otro mediodía!
Quiero el alma encendida.
¿Es que son las voces que nadie más escucha
las que no me dejan oír su suave melodía?

Quiero de la noche
la libertad y su osadía,
los ruidos intensos de los bosques,
y de la naturaleza, su aparente anarquía.
Que, en mi corazón, lejos del terror,
no son sino una eterna alegoría
a la inmensidad del universo
y a la pequeñez de mi propia vida.

¡Cómo extraño la inmensidad de los cielos abiertos!

24. INVIERNO

El otoño ya había alcanzado nuestras vidas
y los años caían
como las hojas caen de los árboles:
hojas durmientes sobre el suelo húmedo.
Algunas, amarillas y rotas;
otras, verdosas y felices.
Pisadas.
Recordadas.
Olvidadas.
Sí.
Todo eso éramos nosotros.
Eternos en nuestras ansias.

El otoño ya había alcanzado nuestras vidas,
y aunque ya en nuestra casa había vuelto el silencio,
después de los años del cansancio y el ajetreo,
no me cansaba de mirarte,
de besarte el cuello tiernamente,
de abrazarte,
y de ser tu eterno compañero.

Pero un día,
durante el alba,
el invierno arrasó con tu alma.
Aún el sol no entraba por la ventana
y tus manos frías y dormidas me lo dijeron.
Tragué mis lágrimas amargas
y te besé la frente.

El otoño ya había alcanzado nuestras vidas,
cuando el invierno te arrebató de la mía.
Pero fue en la primavera, años atrás,
que miré tus ojos
y prometí jamás soltar tus manos:
ni en tempestades,
ni en los profundos mares,
ni en la oscuridad enceguecida de los placeres temporales.
Y nacieron frutos.
Y los amamos con nuestras almas.

ATARAXIA!

Y el dolor no pudo con el amor.
Porque nuestro amor no era amor.
Era algo más.

El otoño ya había alcanzado nuestras vidas,
pero el invierno llegó antes a despojarte.
En silencio.
Dormida.
En paz.

Entonces me vestí,
me vestí como en aquellas salidas
que años antes solíamos dar.
Cuando caminábamos largas horas,
y conversábamos,
y reíamos,
y te amarraba de un abrazo,
y me deleitaba con tus suspiros
mientras me hacías olvidar todo lo insensato e injusto de la vida.

Y me vestí.
Y te vestí.
Con tu mirada perdida,
sin tu habitual sonrisa.
Y te tomé de la cama fría,
y te abracé con todas mis fuerzas.
Tu hombro húmedo sujetó mi alma
mientras mis manos envolvían tu cintura.
Las luces apagadas,
las cortinas cerradas,
la música encendida...
Y bailamos.
Y bailamos
por horas y horas.
Mis piernas envejecidas no sentían el cansancio,
y mi corazón dañado
latía acelerado.
No había que dormir,
ni beber,
ni comer,
ni detenerse en el descanso.

Si te quería alcanzar
en lo profundo del invierno
en el que fuiste arrastrada,
tenía que seguir aferrado a tu cintura
hasta que mi corazón también decidiera partir.

Hasta que, en un momento,
una profunda y aguda puntada me dio la señal esperada.
Azrael susurró mi nombre
y caímos abrazados,
con los cuerpos fríos,
mientras mi alma, de un suspiro,
encontró a la tuya en el profundo invierno
que te despojó de mí.
Y nuestras almas también se abrazaron.
Juntas, al fin.

~ ❤ ~

25. DESTINO (ACEPTACIÓN)

Te amé en la intersección del Destino,
donde las órbitas de nuestras almas
se entrelazaron en un instante eterno
que Allah escribió en la noche del Decreto.

Fuimos superposición de nostalgias,
paradoja que existió sin existir,
como dos partículas en mundos distintos
que vibraron por un instante, al mismo latido,
en tres corazones distintos.

Y cuando el azar —que nunca es azar— colapsó el deseo
en la geometría exacta de lo imposible,
entendí que aferrarse a tu sombra
era negar la sabiduría de Su designio.

Allah sabe que en mi pecho
el amor florece como campos infinitos,
y cada noche te sueño en un destino distinto,
donde todo fluye tan diferente

que me engaña al parecer que pudo ser lo que no fue.

Mas Su voluntad decidió distancias
que no hay certeza que pueda desmentir.

Así, entre lo oculto y lo tangible,
acepto ser esa probabilidad jamás azarosa,
que nunca fue certeza en tu destino,
pero que en cada súplica sigue viva,

como el alma insuflada,
y los latidos que descansaron al compás de mis latidos.

Porque amarte fue un decreto bendito,
y dejarte libre, una lección de fe,
a la cual me entrego,
sabiendo que en el orden de los mundos
mi anhelo descansa en la quietud de Su poder.

~ ❤ ~

26. NIÑOS

Te soñé sin conocerte,
Mientras de mis labios brotaba tu nombre.
¿Quién era yo en ese entonces?
Un niño que soñaba,
que te inventó dormido,
mientras murmuraba en los sueños tu nombre,
enceguecido por el recuerdo de tu rostro,
aquel rostro de niña,
que rompió en instantes mi sosiego
y se apropió de mi mente
y de cada uno de mis pensamientos.

Mas, aquella figura idealizada
decantó cuando decidí rozar mis labios con tus labios.
Te sentí humana, inocente y perdida,
en un mundo que no nos pertenecía...
Como reflejados en un espejo,
yo como la luna en el día,

tú vasta y hermosa como las estrellas en la noche.
Entonces, ya no eras parte de mis sueños.

Fusionamos nuestros mundos,
y las Ilusiones amanecieron.

Y te amé.
Y tomé tus manos,
y, sin decir nada, me seguiste
hacia rumbos desconocidos,
como eternos compañeros,
unidos desde el inicio de los tiempos,
marcados por aquel destino inmutable,
entre el murmullo y el silencio.

Y sufrimos tempestades,
y nos cobijamos de un abrazo.

Limpiaste mis heridas
y me diste la valentía que el mundo me había quitado,
las esperanzas y los ánimos,
las más bellas noches,
los más dulces descansos,
y, aunque a mi lado y a tu lado
pasaron personas, situaciones y demonios que intentaron arrastrarnos,
jamás dejamos de mirarnos a los ojos,
ni nos soltamos las manos.

27. ROJAS MAGALLANES

Me sentía terriblemente mal, triste y estresado. Así que me puse un buzo, mis zapatillas viejas, y salí a correr. Llegué a Rojas Magallanes y crucé Vicuña; me sentí un poco mejor. Al llegar a Av. La Florida, las preocupaciones ya no pesaban tanto. Cuando pasé por Tobalaba, ya no sentía rabia ni tristeza. Al llegar al Panul, olvidé todo lo malo. Así que corrí un poco más y crucé la cordillera. Descansé en San Luis, comí algo en Rosario, y el río Uruguay lo crucé nadando. En Colonia seguí hasta llegar al mar, tranquilo, en paz, sin mirar atrás.

~ ❤ ~

28. DON BARTOLO

Don Bartolo se llamaba el perrito. Cada vez que salía de mi casa a la universidad, Don Bartolo llegaba desde el pasaje del frente y me acompañaba a tomar la micro. Me movía la cola y me conversaba; yo también le respondía: "¡Guau, guau!". Cuando no lo veía, me preocupaba. Don Bartolo, loco y callejero, se me había hecho costumbre. Un 3 de julio, en el último año de universidad, salí a tomar el colectivo, pero Don Bartolo ya no salió. Perro flojo, pensé, prefirió quedarse en el patio, calientito, en la casita nueva que le compré.

~ ❤ ~

29. FARÁNDULA DELICTUAL

Veo las noticias y me lleno de pavor. En las noches pienso que me pueden venir a asaltar; en el día, que me pueden hacer una encerrona; en la tienda, que me pueden estafar. Coticé alarmas para la casa, pistolas de shock eléctrico, parabrisas antigolpes, hasta chaleco antibalas. A 12, 24, 48 cuotas. Al final, mejor apagué la tele. Me salió más barato, ¡y hasta me dejó de saltar el ojo!

30. ENCHUFE AMERICANO

Cuando era chico, casi todos los sábados iba al departamento de mis abuelos. Me gustaba llevar el Nintendo para jugar Mario con mi primo. Casi siempre se me quedaba el enchufe americano, así que, cuando mi abuelo no tenía turno en el hospital, me llevaba a comprar uno a la ferretería. En el camino me contaba de su trabajo, de cuando él era chico, de cómo se defendía cuando otros cabros lo molestaban, y mientras caminábamos, yo me imaginaba todo eso y me entretenía. Debo reconocer que, a veces, dejaba adrede el adaptador en mi casa, solo para salir a dar ese paseo con él.

```
010110010000000011000010110110001110101001000000111010001101
111001000000011011110111001001110100011000010111000001110100
011011110111001000010111000100000001100101011101000010000011
010010110100101110010011011000110111101101110001000000011001
100110100001110011011100110110010001110011001000000011000100
111010101111001011011100111010001100101001000000111010001101
100101110110011000010110100101101110011000010110110101100100
100100000011100110110010101101110011000010110101001101111101
100101001000000111011101100101001000000110100101101110011010
100011000010111000000100000011011100110111101110011001100000
011100010110101001100101011100000111001001101100011010010010
000000111000101100001011101010010000001101000011010010111000
100111000001101100011101010010000001110010011011110110010100
010000001110100011101110111010101110101011001010010000000110
100101110011011100100110001001000000111001001100101011011000
011011110111010100100000011101000110100101110010001011100011
000000110001001110101011011010110010100100000001101000011010
010111000101101111011011110010000001100100011001010101110011
111010101110010011010010010000001110010011101010111011100010
000001100110011000010110110001110100011101010111010101110010
001100001001000000111001101101100101011100100010000001101111001
101111011011100111011101110011001000000011010001110001011011
110110111100010000000110100001100101011011000110111001100100
110111110110010100100000001110111011001010110010101101111001
011100110000101101110011100000110111001110101001000000110010
101101011110111101010010000001100110011001010101110000110000101
011010110100011011000011100110110111101101110011001110010000
000011010010110111000001101100011101010010000001110100011011110
011001010010000001110100011010010111001000100000011010010111
001000100000011010010110101101110011011011100110111010001100101001000
000110110111011010010110000010110111101110110011011100010000000
111010101100100011100100010000000110001001110010011101110110
011100101111000001000000110100101100001011011100111001100101
```

11101101100011011100100000011100010110111001100101011001110
11001100110010100100000011001110110000101110101011000010110
00100110001101100110011010000110110000100000011010000111010
10010000001100010011100010110100101101100011101000110111101
10001000101110001000000010011001100011001000000111001101100
00101110111011011000110111001000000111010101101101011010100
10000001100100011011110110010100100000011100110110000101101
10001101001011000100010000001101101011100000011010101101110
01100001011101000110111001110111001000000110000101101101011
01111011100100010000001100010011011100110100100100000011011
01011100110110111001100001011011010110110001110010011011000
10000001110101011011100110010100101111001000000111011101100
10100100000011101010110010000100000011100010110001101101100
01101001011010010110111001101110011000110010000001101101011
01111011010010000001110010011101010111001101101010100110010
00010000001110110011001010111011000101100001000000110111001
10111001110000011011110110011101101110011011100110010001100
01001100101011000100010000001100110111001101100111011110110
00110010101100111011100010010000001010100110010101101110011
10101011101100010000001101110011011110111001000100000011011
11011011000110010101110011011101110110010100100000011101100
11011000110111101101000011101100010000001100100011011000110
11110111010101101101001000000110111001100101001011100010111
000101110001011110.

ATARAXIA!

ATARAXIA

VI. ATARAXIA

En el susurro del alma,
el caos se disuelve.
La paz no es calma,
sino el fin de la búsqueda,
y la profunda aceptación
del no sentir, nada.

ATARAXIA!

1. EL HORIZONTE VACIO

Caminó hasta el borde del mundo, donde el viento soplaba sin resistencia y el suelo parecía desvanecerse en la nada. Había dejado atrás todas las palabras, todas las luchas y todos los nombres que una vez cargaron su existencia.

Al principio, el silencio fue una daga: le recordaba lo que perdió, lo que no fue capaz de sostener. Pero con cada paso hacia el horizonte vacío, el peso de su respiración se volvió más ligero, como si el aire le arrancara las cadenas invisibles que había llevado toda su vida.

Cuando llegó al borde, no había abismo ni respuesta, solo una vasta planicie que se extendía hasta donde los ojos podían imaginar. Allí comprendió: la paz no era un premio ni un refugio, sino el resultado de aceptar que todo lo que había perseguido, odiado o amado, nunca le había pertenecido. Cerró los ojos y dejó que el viento lo llevara.

~ ☀ ~

2. LA ÚLTIMA VERDAD

No hay ecos ni gritos,
solo un murmullo que se hunde
en la piel del tiempo.

El peso del mundo
se disuelve en la bruma,
y yo, desnudo,
camino entre las cenizas del miedo.

Aquí, al fin,
la quietud no es ausencia:
es la última verdad.

3. ATARAXIA

He caminado hasta el borde de los cielos,
con el eco de mi alma resonando en los huesos.
Las tormentas se han callado,
y el mar, con su oleaje eterno,
ha abrazado el silencio que llevo dentro.

¿Es esta la paz que tanto busqué?
¿La quietud que susurra promesas vacías?
No hay gritos, no hay sombras,
solo el peso de mis pensamientos,
despojados de su lucha, flotando en la bruma.

Vi las ciudades que construí con mis miedos,
y las dejé arder hasta las cenizas.
Sentí el abrazo de aquello que temía,
y en el terror hallé la calma:
la muerte no era enemiga,
sino una vieja compañera olvidada.

Ahora camino por campos infinitos,
donde el tiempo no deja huella,
y mi pecho, antes tan lleno de tormentos,
se abre al susurro de la eternidad.

Esta es la ataraxia,
el fin del caos,
el renacer de lo que nunca fue.

ATARAXIA!

Vo ml hvmgri mzwz, ml kfvwv hvi kziz hrvnkiv. Wvhkféh wv glwl, hrvnkiv szb fm urmzo.

ATBASH

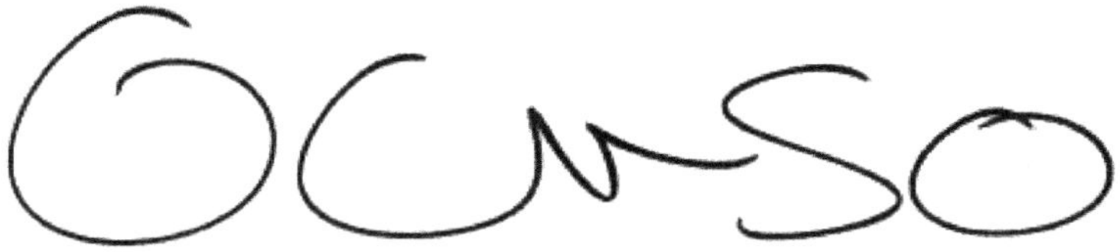

VII. OCASO

La luz se muere,
y el horizonte la sigue.
El ocaso no es adiós,
es lo que queda de la espera.

ATARAXIA!

1. SIN TÍTULO

¿Por qué me siento tan culpable por lo que siento?
Sí soy apenas un átomo perdido,
en la vastedad de un universo indiferente,
y tan insignificante
frente a los pliegues infinitos del tiempo.

Nada de mí altera su curso,
y, aun así, algo tiembla por dentro.

∼ ☾ ∼

2. CULMINACIÓN[2]

Cuando se aproxime el primer soplo de la Trompeta, Allah enviará una brisa suave, más leve que la seda. Una brisa que recorrerá la tierra sin violencia, pero con un destino sellado. Y no dejará sin alcanzar a ningún siervo que en su corazón guarde siquiera un grano de fe. A cada uno de ellos, esa brisa le tomará el alma, en paz. Porque la Hora, la Hora Final, no caerá sino sobre los peores de los humanos.

Entonces, Allah ordenará al ángel Israfil que sople la Trompeta. Y lo hará. Y cuando su eco atraviese los cielos y la tierra, todos los que estén en ellas caerán muertos, desvanecidos por el mandato absoluto. No quedará vida. No quedará voz. No quedará testigo.

Y el mundo quedará así, durante cuarenta años. Nada vivo caminará sobre su faz. Nada respirará. No quedará casa habitada, ni ciudad encendida. Todo habrá dormido bajo la sombra del Decreto. No habrá Rusia. Ni América. Ni Alemania. Ni Inglaterra. Ni China. Ni Francia. No habrá naciones ni imperios. No habrá más que el polvo de lo que alguna vez fue.

Y le preguntarán acerca de las montañas, y se responderá: "Mi Señor las desmenuzará como polvo fino." Y la tierra quedará llana, vacía de forma y de sombra. Sin torceduras ni hendiduras. Como una tabla sin nombre. Y cuando la creación haya sido extinguida, y la tierra haya sido sustituida por otra tierra, y los cielos por otros cielos, Allah llamará:

---

[2] Re imaginación - Kishk, el Fin del Mundo.

—¡Oh Ángel de la Muerte! ¿Quién queda de Mis criaturas?

Y él responderá:
—Han muerto los humanos. Han muerto los Jinn. Han muerto casi todos los ángeles.

Los ángeles, cuando descendió la aleya:
"Toda alma probará la muerte",
dijeron: "¿Pero no somos nosotros almas puras?".
Entonces descendió:
"Todo lo que hay sobre ella perecerá",
y dijeron: "Pero no estamos sobre la tierra, somos moradores del cielo".
Y descendió:
"Todo perecerá, excepto Su Faz".
Y al oír esto, los ángeles cayeron postrados ante Allah y dijeron:
"¡Glorificado sea Quien permanece para siempre!"

Todos habrán muerto. Humanos. Jinn. Ángeles. Todo lo que hay en la tierra y sobre los cielos. Excepto cuatro.

Y Allah le preguntará al Ángel de la Muerte:
—¿Quién queda, oh Ángel de la Muerte?
Y él responderá:
—No queda sino Yibril, Mikail, Israfil y este siervo humilde que está ante Ti.
Y Allah dirá:
—Toma el alma de Yibril.
Y tomará su alma.
—¿Quién queda?
—Mikail, Israfil y este siervo que está ante Ti.
—Toma el alma de Mikail.
Y la tomará.
—Toma el alma de Israfil.
Y la tomará.
Y entonces, Allah preguntará:
—¿Quién queda de los seres creados?
Y el Ángel de la Muerte dirá:
—No queda sino yo, el siervo humillado ante Tu Majestad.
Y Allah le dirá:
—Muere, oh Ángel de la Muerte.
Y morirá.

Y cuando sienta las punzadas de la agonía, exclamará:
"¡Por Tu Poder y Tu Majestad! Si hubiera sabido cuán severas son las agonías de la muerte, te habría suplicado que me perdonaras de arrebatar las almas de Tus siervos."

El cielo se desplomará. Las estrellas se extinguirán. Las montañas se disolverán. Los árboles caerán sin raíz. Los mares se desbordarán, ahogando los límites. Las almas serán emparejadas, y la tierra se extenderá sin fin.

Y Allah, el Altísimo, mirará a Su creación —y no habrá nadie más que Él— y dirá:
"¡Oh mundo! ¿Dónde están tus ríos? ¿Dónde están tus mares? ¿Dónde están tus palacios? ¿Dónde están los reyes? ¿Dónde los hijos de los reyes? ¿Dónde están los tiranos? ¿Dónde están los hijos de los tiranos? ¿Dónde están los que vivieron en el bienestar, pero adoraron a otros fuera de Mí?"

"¿De quién es el Reino hoy?"
Y no habrá voz. Nadie responderá. Solo silencio. Silencio eterno.

Y Allah, con Majestad, responderá a Su propia pregunta:
"¡De Allah, el Único, el Irresistible!"

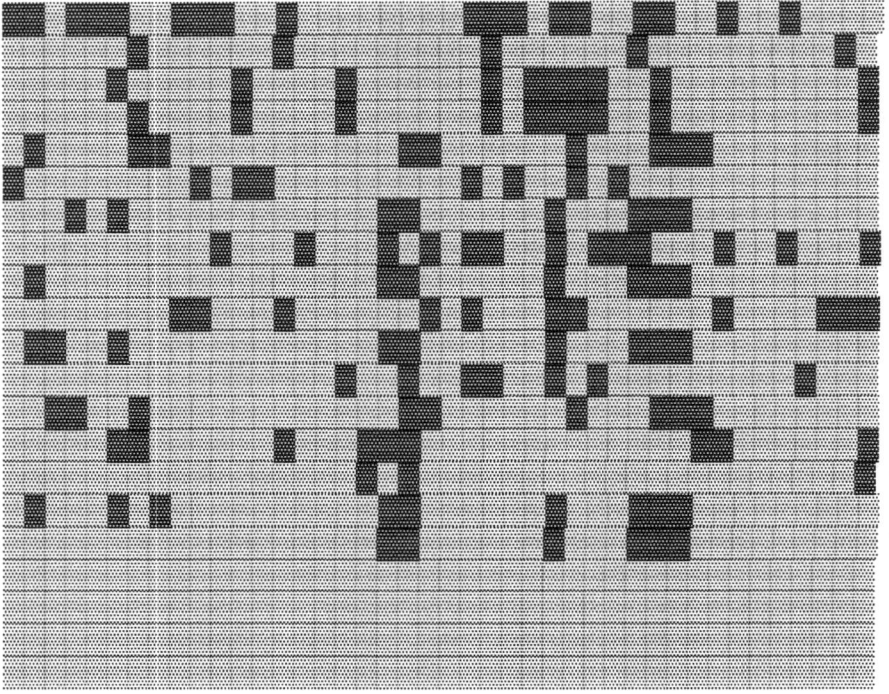

ATARAXIA!

Has llegado al final del camino... o casi.
Aún quedan fragmentos, textos sueltos, palabras a pulso y sin destino.
Si quieres, pasa.

Bienvenido a **OTROS**.

ATARAXIA!

ATARAXIA!

VIII. OTROS

No todo cabe en capítulos.
A veces lo más sincero, lo más visceral, lo más real, vive fuera del orden.

Esta sección no busca sentido, ni unidad, ni argumento.
Solo presencia. Voz. Impulso.

Es lo que quedó al borde.
Lo que escapó.
Lo que sobrevivió a toda lógica.

ATARAXIA!

1. HAIKU (俳句), TANKA (短歌) y MÍNIMOS POÉTICOS

Hijos
Acogedora
morada en donde sea
del universo,
si un abrazo de ellos
me envuelve con su amor.

Padres
Con su voz suave,
me sostiene con fuerza:
inquebrantable.

Suspiro
Noche violeta,
las nubes descendiendo
besan la tierra,
la acarician suave
con lluvia, brisa y paz.

Lamida
Almizcle y miel,
perfume de tu cuello,
néctar en mis labios.

Zawjati
Su pelo rubio,
ojos verdes profundos,
labios de otoño.

Propósito
La vida vale,
cuando en la muerte, va
el alma en paz.

Zakat
Rico y riqueza,
malditos se convierten,
con sed y hambre.

Esclavo
El oro
desaparece bajo el polvo.

Testigo/victimario
No.
Yo te miraba.

Tiempo
La flor blanca
mancha en **sangre**
el agua que no avanza.

Oscuridad
La noche encubre
la maldad que se arrastra
hacia los cuerpos
hundidos por el opio
y su autodestrucción.

De noche
Una voz...
no hay nadie.

Decepción
Agua amarga.
Tus besos <u>mentirosos</u>.

Poltergeist

La muñeca en la noche
tiró de mi sábana,
y yo me cubrí
la cabeza temblando:
¡que el demonio no me vea!

RESISTENCIA

US
Oscura propaganda,
cubierta de sangre
de inocentes.

IOF
Sangre derramada
en la tierra estéril,
cruel y violenta,
donde yacen los niños
asesinados.

Rebelión
Brota la llama,
revienta las cadenas,
y el pecho se alza.

al-kiyān aş-şuhyūnī
Tus muertos yacen,
podridos en el fuego:
los nuestros en luz.

Demonios
Hombres y mujeres,
sedientos de sangre inocente.

Fard kifayah
Banderas negras,
ondea la *kalima*,
llega libertad.

2. NARRACIONES INCONCLUSAS Y CONCLUYENTES

SIN TESTIGOS

El disco duro gemía como un animal herido. Sangre seca entre las teclas. Así empezó mi viaje a este infierno, y, sin embargo, aquí estoy. No como testigo, ni siquiera como víctima. Estoy en medio del crimen. Y no hay juez que lo condene.

Me llamo Elías. Trabajo como perito informático para el Ministerio Público. No tengo el hábito de hablar con otros de lo que hago, porque la mayoría no soportaría ni cinco minutos de lo que yo leo, reviso y archivo cada día. Material de abuso infantil, redes de tráfico humano, asesinatos transmitidos en tiempo real. Pero lo que encontré en Villalba 161 no tenía nombre.

Todo comenzó como un encargo más: un cadáver hallado en estado de descomposición, un computador portátil a su lado, sangre seca en las teclas. La víctima era —según el informe original— un periodista independiente. Obsesivo. Tenía fama de perseguir casos de corrupción y conspiraciones, de esas que hasta los fiscales prefieren no mirar. Lo daban por desaparecido hace semanas. Nadie lo buscaba.

Al conectar su equipo a mi estación, el sistema tardó en reaccionar. El disco duro gemía como una herida que no cierra. Solo había una carpeta: *Vigilia*. Cuarenta y dos videos. En el tercero reconocí a la niña del cartel de "se busca" de hace algunas semanas. En el séptimo, vi cómo le sacaban las córneas mientras respiraba. En otro, las extremidades. Los cortes eran tan limpios que se oía el crujido del hueso al ser seccionado. Cada uno de los videos era peor que el anterior. Al principio pensé que eran montajes. *Snuff* falsos, simulaciones. Pero el nivel de detalle, la expresión en los ojos de las víctimas, los jadeos, los sollozos contenidos, los cortes limpios... No eran falsos. Eran registros. Evidencia.

Los perpetradores usaban máscaras. No de animales ni de demonios, como uno esperaría de un culto, sino máscaras de rostros humanos de silicona sonrientes. En algunos videos, hablaban entre ellos en claves: *spanglish mal pronunciado*, jerga de los cafés del centro de Santiago, nombres codificados. Siempre estaba presente un símbolo: cuatro puntos conectados a una línea. Aparecía en las paredes, en tatuajes, incluso en la interfaz de un sitio web alojado localmente en el disco. El sitio también se llamaba *Vigilia*.

Buscando en los logs, encontré algo escalofriante: el equipo había sido accedido físicamente el día anterior. Es decir, alguien había entrado en la escena del crimen, después de la muerte, y había modificado información. También detecté diferentes direcciones IP en ese sitio web local, y estas llevaban a Villalba 161. Fui con todo esto a la fiscal a cargo. Me miró en silencio. No tomó notas. Me dijo que enviaría a la policía a verificar el lugar a la que llevaban las pistas de red. Yo le dije que iría igual. No me respondió. Pero su silencio fue más perturbador que una negativa.

Era un edificio de oficinas, y en uno de sus pisos, ese logo grande, incrustado en la muralla justo antes de la entrada. Y sentí el mismo hedor denso a alcohol, vomito putrefacto, viejos prostíbulos, y abandono. Forcé la entrada. Dentro, una pantalla mostraba el sitio *Vigilia* (24x7) en modo local. Nuevos videos. Uno, con fecha de esa misma mañana. En él, alguien entraba a ese lugar. Era yo. Me siguieron. Me vigilaron. Y me grabaron.

No supe cuánto tiempo pasé dentro. Escuché voces. Susurros que parecían surgir de los cables eléctricos. Una figura cruzó esa pared llena de pantallas, sin nada realmente útil, casi como una representación teatral de algo que no existe. Cuando la linterna se apagó, sentí que me arrancaban una parte de mi consciencia. Me desmayé.

Al despertar, estaba en mi casa. Sin heridas. Sin rastros. Pero con un sobre en la mesa. Dentro, una nota: "Este caso está cerrado. El periodista se suicidó. No sigas".

Desde entonces, todo se volvió raro. Mis colegas me evitaron. Dijeron que nunca existió un caso Villalba. La carpeta "Vigilia" ya no estaba en el sistema del Ministerio. El computador había desaparecido. Nadie recordaba nada. Pero yo sí.

Antes de ir a Villablanca cloné el sitio. Lo guardé en mi propio laptop. Y entonces, comencé a investigarlo por mi cuenta.

Usando los metadatos de los videos, rastreé lugares, luego rostros. Uno de los ejecutores usaba un reloj de edición limitada. Otro, tenía una cicatriz conocida: la misma que había visto, años antes, en un conductor de televisión. Revisando registros cruzados con datos públicos, comencé a conectar puntos. Uno tras otro. Rostros de la política, algunos encargados de ciberseguridad del gobierno fascista que nos estaba gobernando, otros, Gerentes de la Banca, algunos conocidos del espectáculo, de la supuesta elite eclesiástica y empresarial. Todos unidos. Todos ocultos tras esos cuatro puntos y esa línea misteriosa.

Después de mucho investigar, di con uno de los artífices, y me paralizó. No por miedo, sino por su omnipresencia. Era Don Francisco. El animador. El hombre que toda Latinoamérica había visto alguna vez en su pantalla. Con su sonrisa postiza. Su caridad pública. Su voz inconfundible: "El paradero 38, y los cadáveres están ahí rociados, pero... ahí está el mejor cadáver. Ja ja ja".

Don Francisco aparecía de espaldas, cantando el jingle de su programa de los sábados mientras ajustaba un torniquete al cuello de una víctima. El registro de audio lo delataba. Su voz, sus gestos, sus frases. No había duda. Y no estaba solo. Se lo veía guiando a otros. Dando instrucciones. Coordinando. Como un sacerdote negro de esta liturgia sangrienta. Pero atrás de él, estaba el verdadero patrón. Un hombre bronceado, petizo, y de brazos cortos, gordo por la cocaína, con cara de degenerado, rodeado de abogados de narcotraficantes.

Fui a la prensa con todo esto. Nadie publicó. Fui a la PDI. Rieron. Finalmente, solo trabajan para algunos. Una semana después, desaparecí.

Me aislaron. No sé dónde estuve. Solo sé que era una habitación oscura. No había reloj. No había voces. Solo una ampolleta que nunca se prendía, y el zumbido constante de un proyector viejo. Cada cierto tiempo me mostraban imágenes. Videos de mi vida. De mi casa. De mi familia. De mí, y luego repetían "te quitaremos todo esto, nadie querrá verte jamás". Me estaban borrando desde adentro. Y entonces, un día, se cortó la luz.

Gritos. Vidrios rotos. Disparos. Alguien me abrió la puerta. Una persona Joven, con capucha. Me dio la mano y dijo: —Sal. Hemos tomado el control.

Las calles estaban en fuego. El país había estallado, nuevamente. No por mí. No por "Vigilia". Pero por lo mismo. Por hartazgo. Por justicia. Miles en las calles. Rostros quemados. Iglesias tomadas. Oficinas incendiadas, narcos castigados y empalados en las calles. Y un pueblo despierto.

En las redes, alguien publicó los videos. No sé quién fue. Tal vez fui yo, tal vez lo hice antes de desaparecer. Pero se viralizaron. El símbolo de los cuatro círculos con la línea se volvió un ícono del mal. Rostros intocables comenzaron a caer. Algunos huyeron. Otros se "suicidaron". Don Francisco... desapareció. Su mansión fue saqueada. Nadie volvió a verlo. Los narcos fueron expulsados de las poblaciones, y junto a sus soldados, y a la droga que vendían, fueron quemados vivos. Los consumidores, que eran quienes, al final mantenían vivo ese negocio, fueron apuñalados por las multitudes.

Solo faltaba el inmundo con cara de depravado, apenas pudo tomó un avión a EEUU junto a "su gente", todos manejados por el maldito dinero. Pero no le fue bien. EEUU estaba siendo asediado hace pocas horas por las fuerzas medo-orientales, luego de intentar mantener su dominio a punta de hierro y sangre contra la población inocente de los países de la región. Con apoyo de Canadá y México, las fuerzas medo-orientales dejaron sin reacción a EEUU., y el avión de ese personaje tuve que volver. Acá lo estaba esperando un grupo de no menos de 15 "admiradoras" quienes, al verlo desembarcar nuevamente en su país de origen, le gritaron "Hey Van", y recordó él, con terror, las veces en que a cada una de ellas acoso, golpeo y ultrajó.

Lo amarraron, le sacaron las uñas, le pusieron ácido en sus genitales, y luego, vivo, lo empalaron en plaza de armas.

~ ⚒ ~

EL DEVORADOR DE PROMESAS

No sabemos en qué momento comenzó a cazarnos. Tal vez siempre estuvo allí, disfrazado de pancarta, de contrato, de sonrisa blanca en pantalla. Yo lo vi por primera vez en una agencia de trabajo temporal en Nueva Jersey, detrás del cartel que decía: "Construye tu sueño aquí".

Éramos seis en esa sala. Todos con papeles recién sacados, mochilas rotas, y el estómago solo lleno de fe. No hablamos el mismo idioma, pero todos entendíamos lo que significaba trabajar por unos pocos dólares para comprar un poco más de tiempo de vida.

El Devorador no tiene forma única. A veces llega en forma de deuda. Otras, como un capataz con acento que pronuncia mal tu nombre. Pero si lo miras de frente, si estás a punto de rendirte o de entender, se te revela. Y entonces sabes que ya no es una metáfora.

Se alimenta de tus rodillas hinchadas, de las noches sin dormir, de los hijos que crecen sin ti. No muerde: espera. Te desangra en cuotas. Tiene manos invisibles que firman por ti, ojos en las cámaras del supermercado, lengua de anuncio que dice "Limited Time Offer".

Yo empecé en la construcción. Luego en una lavandería industrial. Luego haciendo entregas de madrugada para una app que se quedaba con el 40%. Cada vez que creía estar avanzando, algo fallaba. Un neumático roto. Una multa injusta. Un jefe que desaparecía con mi sueldo. Y entonces, lo veía. De reojo. Reflejado en el parabrisas. Sonriendo.

Dicen que algunos logran escapar. Que hay quienes compran casa y mandan dólares a su país y vuelven envejecidos pero vivos. Yo conocí a uno. O eso creí. Hasta que lo vi una noche, en un callejón, hablando solo, temblando, con los zapatos llenos de sangre y tierra.

El Devorador no mata como los monstruos de cuentos. Mata como el hambre: lento, civilizado, pidiendo papeles en regla.

Ahora duermo en un colchón sobre palets. Aún tengo el teléfono. A veces escucho susurros cuando activo el GPS. El mapa muestra calles que no existen. Me lleva hacia zonas donde nadie vive, pero hay luces encendidas. Y un letrero nuevo: "Apply Now."

A veces pienso que, si dejo de moverme, me traga completo. Que, si vuelvo a casa, lo llevo conmigo. Que, si me muero, lo heredan mis hijos.

Pero lo que más me aterra no es él. Es que todavía, después de todo, quiero creerle.

~ ⚒ ~

HIJOS DEL OLIVO

Mi nombre es Ameen, y este no es un manifiesto, ni una carta de despedida. Es un testimonio. Si estás leyendo esto, quizá todavía hay tiempo.

Yo tenía catorce años cuando mataron a mi primo Tariq por lanzar piedras contra un blindado. Lo mataron frente a su madre. A mí me obligaron a ver el video. Aprendí entonces que no todos los muertos son iguales. Y que no hay justicia para los que nacemos del lado equivocado del muro.

Crecí entre drones y checkpoints. Mi madre escondía mi cuaderno detrás del pan para que los soldados no lo quemaran. Mi padre decía que resistir no era pelear, sino existir con dignidad. Pero luego se lo llevaron. Y ni siquiera devolvieron el cuerpo.

La primera vez que hice algo más que correr fue cuando hackeamos las cámaras de vigilancia de la base militar cerca del mercado. Yo sólo usé un software que descargamos desde un servidor en Malasia. Pero cuando las pantallas quedaron negras durante seis minutos, supe que había cruzado una línea. Fue el día que entendí que el conocimiento también puede ser un arma.

Formamos un grupo. Nos llamamos Al-Mir'aat —el espejo. Porque queríamos que el enemigo se viera como lo que era. Ni héroes ni libertadores: ocupantes armados, o lo que son en realidad: terroristas despiadados.

No teníamos armas. Teníamos celulares viejos, antenas usadas y voluntad. Nos movíamos por callejones, usábamos código encriptado, memorizábamos rutas. Algunos sólo sabían rezar. Otros solo sabían odiar. Yo intentaba traducir la rabia en algo útil.

Una noche, interceptamos una transmisión militar. Descubrimos que planeaban una redada en la escuela donde dormían varios desplazados. Filtramos el aviso. Salvamos decenas. A la semana siguiente, derribaron la torre donde estaba nuestra antena. Cuatro murieron. Uno de ellos tenía once años. Su hermana aún lleva su kufiyyeh colgada al cuello, como un collar, como un recuerdo eterno.

No éramos mártires. No queríamos morir. Queríamos que no nos mataran.

Pero después entendí que algunos nacemos con el cuerpo listo para ser enterrado. La diferencia está en si nos convertimos en semilla o en silencio.

Ahora tengo diecisiete. Y esta es mi última transmisión. No sé si me queda una hora o un día. Pero he dejado todo registrado. Cada nombre, cada operación, cada imagen. Si me encuentran, sabrán que no era un criminal. Era un niño que decidió no agachar la cabeza.

Que lo escriban como quieran. Pero que no digan que tuvimos miedo. Porque aún con los huesos rotos, seguimos con la frente en alto.

Durante dos años, entre apagones y toques de queda, desciframos los códigos del ejército de ocupación. Hoy ejecutaremos Al-In'ikaas (el reflejo): nuestro *MitM* (Man-In-The-Middle) que convierte su escudo (Iron Dome) en una daga. Cuando intenten interceptar los cohetes provenientes del Líbano, nuestro código hará que sus propios misiles se vuelvan contra su infraestructura. Sin retorno.

Hicimos pequeñas pruebas para que no nos detectaran, y todas resultaron. Luego de mucho esperar, hoy será el día donde seremos vencedores, incluso si morimos. Porque cuando este sistema antimisiles intente defender a esta maldita ciudad, se ejecutará el código que programamos durante todo este tiempo, provocando un ataque desde tierra a toda la infraestructura critica de este país, y nadie podrá desactivarlo.

Hace 2 minutos se activó el Iron Dome, esperando interceptar unos proyectiles provenientes de la resistencia que está más allá del a frontera. En 30 segundos más, habremos librado a nuestra tierra de estos opresores, para siempre.

∼ ⚒ ∼

ÚLTIMO FRAGMENTO: LA CASA DEL VALLE

Ahora sé que nunca morí en el Panul.
Nunca estuve sola.
La casona y el espino quebrado eran la misma herida abierta en el costado del mundo.
Los mismos pasillos que se retorcían como intestinos. Los mismos cuadros cuyos ojos se deslizaban sobre mi piel, fríos como gusanos en vidrio.
Y ese olor: huesos molidos bajo la tierra, óxido de viejas cadenas.

Encontré a mi hermano donde el fuego debería arder: sentado frente a la chimenea llena de cenizas humanas.
Llevaba la misma ropa del día en que el bosque se lo tragó.
Sus ojos eran pozos. Pero su boca se movía. No con palabras: con el crujido de ramas secas.

—Pensabas que había muerto —susurró sin aliento—.
Pero esto no es muerte.
Es lo que crece cuando la esperanza se pudre en la raíz.

Entonces lo vi: las paredes respiraban.
El Panul, la piedra tallada, los huesos en la ceniza...
Eran venas de algo vivo. Algo que nos había engullido.
No eran lugares: eran dientes en la boca del umbral.

Mi hermano no se quedó por voluntad.
Lo habían cosido a la casa con hilos de sombra.
Yo, en cambio, bajé.
Rasgué las puertas sin nombre.
Dejé atrás la carne, los ecos, los espejos que repetían mi grito.

Descendí donde la geometría sangra.
Donde el tiempo es una espiral que se muerde la cola.
Allí vi la verdadera piel de la casa:
Un tumor pulsante, negro y húmedo, tejido con los nombres olvidados de los que cayeron antes.

El infierno no quema.
Te abraza hasta que confundes su podredumbre con calor de hogar.
Te devuelve voces muertas. Te ofrece un falso sentido en la lengua.

Mi hermano se deshizo.
No como niebla, sino como un hilo arrancado de un telar podrido.
No miró atrás.
Sabía que la casa ya me tenía a mí.

Escribo esto con mis uñas arrancadas.
Con la sangre que brota de las grietas.
Sé que alguien más llegará.
Siempre llegan.
El umbral tiene hambre.

Pero si lees esto y tu corazón aún late:
¡CORRE!
¡GOLPEA LOS MUROS HASTA QUE SANGREEN!
¡ROMPE LOS CUADROS Y QUEMA SUS OJOS!

O quédate...
Quédate y únete a nosotros.
Tejeremos tu nombre en las paredes.

Tu dolor alimentará la raíz.

Así el umbral se volverá un vientre.
Y su boca...
se cerrará, pero no para siempre.

Porque este es un monstruo. Un monstruo que llegó antes que la humanidad. Un monstruo que viene del otro lado del universo. Un monstruo que creció, se mimetizo y se sentó a esperar; que tomó diversas formas, de casonas, bosques, cuevas, y sombras, hasta que nos pudo tragar engañados. Un monstruo, que ahora, solo desea alimentarse de nuestra desesperanza, nuestra vida, y nuestra muerte. Un monstruo, al cual no pudimos derrotar... aun.

~ ⚒ ~

LA RUTA DE LOS DEMONIOS

Hubo un tiempo en que los hombres se postraban ante objetos. Luego, aprendieron a postrarse ante sí mismos. Pero en la sombra detrás de sus ídolos, siempre hubo tres pares de ojos. Tres tronos de fuego. Un mismo aliento podrido disfrazado de épocas.

I. QAZFAEL: EL NOMBRE QUE QUEMA

Se alzó en las arenas del Este antiguo, cuando las ciudades eran de barro y ambición. Su lengua no producía sonidos, solo vacío. Lo llamaron dios porque concedía deseos perversos: lluvia de sangre para los sedientos, hijos mutilados para los estériles, traición disfrazada de venganza. Ardía sobre un trono invisible.

La que lo derrotó llegó con los ojos cicatrizados y los pies desollados. Caminó entre sus fieles —zombies con pupilas de ceniza— y gritó en el lugar donde su trono ardía en vida:

—¡Eres el hambre que se finge banquete!
Y le escupió su verdadero nombre.
Un nombre que desgarraba la realidad.
Qazfael retrocedió. Las llamas se apagaron como velas en un sepulcro. Porque ningún demonio soporta verse sin sus mentiras.
La ciudad se volvió polvo. Ella se perdió en el desierto. Nunca supimos si era

profeta o fantasma.

II. MELEZAR: EL REY SIN ROSTRO

No gobernaba desde tronos, sino desde contratos escritos con sufrimiento. Elegante y letal, convertía el aire en deuda y el agua en lujo. Era el arquitecto de la escasez, el sacerdote de la ansiedad.

El mendigo que lo venció se sentó frente a su torre de cristal. No blasfemó. No suplicó. Solo existió.

Melezar bajó, envuelto en aroma de orquídeas y pólvora:
—¿Quieres oro? ¿Poder? —susurró, ofreciendo veneno con sonrisa de diamante.

El mendigo alzó la mirada. Sus ojos le cortaron como vidrio roto:
—No necesito nada de ti.

Melezar gritó. Los mercados colapsaron. Sus siervos despertaron y vomitaron oro.
El rey sin rostro se disolvió como azúcar en lluvia ácida.

III. VRAIHM: EL HUÉSPED DE TU MIRADA

Este aún respira en nuestras pupilas.
No tiene forma. Es vibración en los cables, ansiedad en los algoritmos. No exige fe: secuestra tu atención. Ha hecho del tiempo un tributo y del deseo un cáncer.

Se manifiesta en el brillo de tu pantalla, en el like que no diste, en la envidia que no confiesas. Es la voz que susurra: "No eres suficiente".

Nadie lo enfrenta.

Los que huyen a montañas o a los lejanos desiertos lo llevan en sus sueños. Porque Vraihm no habita lugares: habita el deseo de ser visto.

EPÍLOGO: EL UMBRAL Y EL ESPEJO

Los antiguos encerraron demonios en jarras de bronce. A otros los ahogaron en el mar.

Pero los verdaderos monstruos nunca tuvieron cuerpo.
Viven donde termina el alma y empieza el abismo.

Qazfael murió por la palabra.
Melezar por la indiferencia.
¿Y Vraihm?
Caerá cuando alguien mire su reflejo en la pantalla negra y no vea un rostro... sino un vacío, y no le importe.

Cuando entienda que no hay *wahn* en su pecho.

Ese día, el demonio retrocederá.
No por un héroe.
Sino porque alguien rompió el último ídolo: su propio miedo a no existir.

~⚒~

LA SANGRE AJENA

El monstruo entró por la ventana del piso de abajo sin romper el vidrio, como humo espeso. Al principio nadie lo escuchó.

Después de un rato, cuando crujió la escalera, Bruno lo supo. Tenía diez años. Ya no era un niño chico. Había oído los gritos en el vecindario, puertas forzadas, sirenas lejanas. Pero nunca pensó que esa respiración ronca vendría por ellos.

Gael, de siete, dormía con los puños apretados. Max, de tres, solo miraba desde su cama. Afuera, el viento se llevaba postes de luz. Adentro, los padres no podían moverse: el papá con la pierna rota, la boca sellada con cinta. La mamá, inconsciente de un golpe dado por el monstruo, "la cosa".

La cosa tenía una máscara, hecha con piel humana, pegada con costuras irregulares y grasa. Hablaba con una voz ronca, pausada, gutural:

—¡Voy a jugar con ustedes, niños!

Pero Bruno ya no jugaba.

Se escondió tras la puerta mientras escuchaba los pasos subir las escaleras.

Dejó pasar al monstruo.

Vio cómo la cosa olfateaba el aire, y cómo una gota de saliva caía sobre la cobija de Gael. En su mano, el monstruo, tenía una cuerda.

—No llores —susurró Bruno a Max, tapándole la boca con la manta manchada con helado. El niño asintió.

Gael despertó cuando los dedos enguantados tocaron su cuello. Gritó. Miró a Bruno. No con miedo, sino con furia.

La cosa se giró.
Bruno saltó.

El cuchillo de cocina lo hundió en la pierna del monstruo. Bruno había dejado en su pieza ese cuchillo después de ver las noticias sobre "la cosa", el monstruoso asesino serial de niños de su ciudad, que aun andaba suelto.

No fue profundo el corte. Pero fue sorpresa. El asesino gritó, empujó a Bruno contra la pared. Crujió su espalda.

Gael, ciego de instinto, mordió la mano que intentó taparle la boca. Dientes en carne viva. Un chillido animal. Sangre espesa salpicando las paredes.

El monstruo cayó de rodillas. Bruno agarró la lámpara de cerámica —la Pokébola que Gael amaba— y con ella golpeó la cabeza del monstruo. Una. Dos. Tres veces. Hasta que la cerámica se hizo polvo. Hasta que la máscara crujió.

Max tomó la cuerda. Con los dedos temblorosos la pasó por el cuello del monstruo. Gael lo ayudó, y tiró con fuerza, con los pies apoyados en la espalda de la cosa. Mientras Max seguía tirando la cuerda, Gael tomó el cuchillo.

Temblaba. Pero apuntó directo a la espalda. Y lo clavó. Una. Dos veces. Hasta que la hoja golpeó hueso.

Cuando volvieron a mirar, la cosa ya no se movía.
La máscara cayó.

Era un hombre. Sudoroso. Con pánico en los ojos. Era solo un cobarde con cara de bestia.

No hubo lágrimas. Bruno no lloró, Gael tampoco. Max seguía respirando agitado.

Salieron al pasillo, encontraron a sus padres. Usaron el celular para llamar a la policía. Cuando llegaron los adultos, aparecieron los verdaderos gritos.

La policía esperaba encontrar lo de siempre: niños muertos, padres destrozados, silencio, horror. Pero no.

Encontraron a los tres hermanos, sentados en la escalera. Juntos, callados. Cubiertos de sangre ajena.

No dijeron nada. Solo se miraron. Bruno tomó la mano de Gael. Gael apretó la de Max. Y revelaron la verdad que los adultos negaban: No hay monstruos bajo la cama. Solo hombres. Y los hombres… no son inmortales.

$$\sim \maltese \sim$$

SONRÍE

Se miró al espejo antes de salir. Otra vez la cara de siempre. "Hoy voy a estar bien", pensó. Y lo pensó con pesadumbre. Porque ya lo había dicho ayer. Y anteayer. Y no estuvo bien.

Tenía que ir a ese bar nuevo con los compañeros de trabajo. "¡Vamos todos! ¡Después de tanta pega, lo merecemos!" Claro. Ellos no lo sabían. Para ellos, era solo copete. Para él, era guerra.

Subió al metro. Demasiada gente. ¿Por qué huelen así? ¿Por qué caminan tan lento? ¿Por qué ese niño grita tanto? ¿Y si me bajo y camino? No, llegarías tarde. Peor. Quédate. Pero ese tipo me está mirando. ¿Está mirando o solo estoy paranoico? No, no lo mires. Mira el celular. ¿Tienes batería? 42%. Suficiente. ¿Te acordaste de apagar la cafetera? No. Mierda. Sí. No sé. Ya está, ya saliste, no puedes volver.

Apretó los dientes. Llegó.

Todos ya estaban ahí. Riendo. Bebiendo. Como si respirar fuera tan simple. Como si no hubiera un enjambre dentro de la cabeza de cada uno.

¿O solo de la suya?

—¡Eh, ahí estás! ¡Ven, siéntate!
Sonríe.

—¿Una bebida?
Sonríe. Asiente.
"Sí, una, claro."
No la quiere. Pero sí. Pero no.

—¿Todo bien, compa?
—Sí, todo bien —responde. Rápido. Seguro.

Y por dentro: No. Estoy sudando. Me aprieta la camisa. Huele raro. ¿Por qué me miran tanto? ¿Estoy hablando mucho? ¿Muy poco? ¿Dónde pongo las manos? ¿Estoy sonriendo demasiado? Mierda, me distraje. ¿Qué dijeron? Di algo. Ya. Algo. Vamos.

—Sí, jajaja, ¡qué mala!
Ríen. Funcionó.
Mira su vaso. Apenas lo ha tocado. Ya están en la segunda ronda. No siente el tiempo. Solo zumbidos. Risitas que se sienten como cuchillas. No los odia. Pero le pesan. Como una mochila invisible. Se siente solo como un eterno espectador desinteresado.

—¡Vamos a otra ronda!
No. Por favor.
Pero asiente.
Ríen más. Uno canta. Otro baila. Él se ríe. Acompaña. No quiere ser el raro.
El que no sabe relajarse. El que piensa demasiado.
Y entonces, lo siente: esa tensión en el pecho. La electricidad bajo la piel.
El deseo de gritar, pero sin sonido.
Afuera. Ahora.

—Voy al baño.
Mentira.
Sale a la calle. Se apoya en una pared. Respira.
Uno. Dos. Tres.
Inhala.
Cuenta hasta ocho.
Aguanta.

Exhala.
Nadie se da cuenta.
No importa.
Vuelve.
Una hora más. Ríe.
Chistes. Fotos. Etiquetas.
Sonríe.
Sonríe.

Al fin llega a casa. Tira la mochila. Se saca los zapatos como si pesaran plomo. Se arranca la camisa. El cuello estaba ahorcándolo. Va al baño. Se mira en el espejo.

No sonríe.
Ahora no.
Ahora puede dejar de fingir que es fácil. Que fue divertido. Que fue natural.
Ahora puede dejar que todo se derrumbe. En silencio.
Se sienta en la cama. Solo. En paz. Respirando.
Una lágrima. No de tristeza.
De descanso.
Apaga la luz.
Al fin.
Descansa…
¿Descansa?

∿ ⚔ ∿

CAZADORA DE BRUJAS

Llevo el barro de diez lunas entre los dedos de los pies. El bosque nos respira, húmedo y complaciente, mientras las hermanas desnudas tejen coronas de ortigas y diente de león bajo la luna carmesí, una herida abierta en el cielo negro que derrama su plata líquida sobre el dosel. Somos diosas de carne y cicatrices. Nuestros cuerpos —miel, sudor y ceniza— brillan como cuchillos recién afilados.

Éramos la fuerza indomable de la naturaleza, la sensualidad desatada, la libertad sin cadenas. La sangre, nuestra sangre, la de la tierra y la de los incautos, era el vino que nos embriagaba, el pacto que nos hacía eternas. No había culpa en nuestros actos, solo la ley del instinto, la verdad de lo que somos: depredadoras, creadoras, diosas de la sombra y el placer.

Salomé frota grasa de zorro muerto en mis caderas mientras ríe. Su aliento huele a manzanas fermentadas y vino de saúco. "La tierra quiere sangre", susurra, y las otras repiten el mantra, deslizando las manos entre sus muslos, lamiendo sus cuellos, bebiendo el rocío que escurre entre nuestros pechos. El aire espeso lleva efluvios de beleño y verbena negra, mezclado con el dulzor metálico de la ofrenda. Somos hermosas. Somos el pecado que los sacerdotes dibujan en sus pesadillas.

Hacemos el círculo. Clara, la más joven, ofrece su brazo izquierdo. Con un colmillo de zorro, abro la piel sobre la vena azul. La sangre cae sobre las raíces del roble ancestral. "Para que los niños del pueblo lloren fiebre esta noche", canta Isolda, mientras lame el corte. Su lengua es larga, violácea, como una serpiente que recién cambió la piel. Yo sonrío. Recuerdo al granjero que encontramos ayer al atardecer. Sus ojos cafés, abiertos como pozos de terror mientras le arrancábamos las uñas una a una. "Regalo para los cuervos", dijo Mara, metiéndoselas en la boca como caramelos ácidos. Ahora bailamos sobre su sombra enterrada aquí mismo, bajo los helechos.

Pero entonces...
Un crujido.

Las risas se hielan. Salomé alza la cabeza, olfateando el viento como una fiera. "Algo huele a hierro y salvia", gruñe.

Es demasiado tarde.
Ella emerge de los helechos como un espectro vestido de niebla. La Cazadora. Botas de cuero hasta el muslo, un abrigo verde que le cubría hasta las rodillas, una capa negra rasgada por el viento, una ballesta automática *Chu-ko-nu* tallada. y una espada corta que arde en la oscuridad. Su rostro está cubierto, exceptuando sus ojos. Lleva el pelo y su cuello cubiertos por su hiyab verde oscurecido. Sus ojos, dos fragmentos de hielo bajo la luna, no reflejaban nada, solo una fría determinación.

"¡Corran!", aúlla Isolda, pero sus pies están clavados al suelo por raíces que no sembramos. La Cazadora no habla. Dispara.

El primer virote ennegrecido de ballesta atraviesa la garganta de Clara. Sangre caliente salpica mis pechos. Dulce. Familiar.

"¡Maldita asesina!", escupo, mientras Salomé lanza un hechizo con manos temblorosas. "¡Nosotras solo honramos la tierra!".

La Cazadora esboza una sonrisa fría. Avanza. Sus botas aplastan las coronas de flores, los frascos de veneno, los huesos de niños que usamos como amuletos. Veo sus ojos por primera vez: dos ojos verdes que me hacen recordar el lago donde en nuestras placenteras tardes, dejamos flotar cadáveres de inocentes.

Ella cree que somos el mal. Ella es la justicia con piel de verdugo.

Mara salta sobre ella con las uñas extendidas, gritando maldiciones en latín podrido. La ballesta silba de nuevo. Un virote le entra por el ombligo y le sale por la columna. Cae retorciéndose como un insecto.

"Tu magia es cáncer", dice por fin la Cazadora. Su voz es ronca, como piedras arrastradas por el fondo de un río seco. "Envenenas pozos. Robas el aliento de los recién nacidos. Conviertes el amor en gangrena".

Salomé intenta huir. La espada corta vuela desde la mano izquierda de la Cazadora y le corta los tendones de las piernas. Grita. Yo retrocedo, pisando las vísceras de Clara.

"Nosotras… somos libres", jadeo, sintiendo el pánico por primera vez en años. "¡La naturaleza nos hizo así!".

La Cazadora se acerca. Huele a tormenta y pólvora.
"La naturaleza no crucifica a campesinos en árboles sagrados", susurra. Su aliento me quema la cara. "Ni viola a los locos para robarles sus visiones".

Levanta la ballesta. Apunta a mi corazón. Veo mi reflejo en sus ojos helados: una criatura con piel de doncella y tripas de hiena.

"Esta noche, la tierra beberá *tu* sangre", dice.
"Bismillah".

El disparo suena como un hueso rompiéndose.
Siento el hierro frío—Y luego, el calor insoportable del infierno.

3. PENSAMIENTOS

No vine a escribirte para que te relajes. Vine a decir lo que muchos piensan, pero pocos se atreven a pronunciar en voz alta. Porque la comodidad se ha vuelto nuestra nueva religión, y la indiferencia, su liturgia diaria. Nos hemos convertido en expertos en mirar hacia el lado correcto para no ver lo que duele.

Pero hay verdades que no desaparecen solo porque elegimos no mirarlas.

Vivimos en un mundo organizado para que unos pocos vivan como dioses y millones sobrevivan como sombras. Esa estructura no es casual ni antigua: es actual, constante, brutal. Se llama extractivismo, se llama deuda, se llama imperialismo moderno. Tiene la forma de una marca de ropa, de una aplicación en tu teléfono, de un fondo de inversión que especula con el hambre. No lleva armadura ni lanza, pero sigue matando.

El imperio hoy no necesita soldados: tiene influencers. No necesita cadenas: tiene préstamos. No necesita cárceles visibles: tiene horarios, ofertas y algoritmos que moldean tu deseo para que nunca preguntes por qué estás tan cansado, tan vacío, tan obediente.

Y aún así, muchos prefieren decir que "el mundo siempre fue así", como si la injusticia fuera parte del ADN humano y no el resultado de decisiones cobardes, repetidas y masificadas. Pero no. No todo está perdido. No todo es inevitable. Lo que falta no es esperanza: es valentía.

Valentía para decir que no. Para incomodar. Para no repetir lo mismo de siempre solo porque funciona. Valentía para proteger a quien no tiene voz, aunque eso signifique quedarte solo por un tiempo. Valentía para perder privilegios, porque sí, hablar claro tiene costo. Pero callar también. Y a veces, el costo del silencio es más alto que el del grito.

Yo no soy mejor que nadie. También he callado por miedo. También he sido parte del problema. Pero estoy harto de este cinismo reciclado en forma de ironía elegante. Hartos deberían estar todos los que aún sienten algo cuando ven un niño comiendo basura o una madre enterrando a su hijo porque el "orden mundial" decidió que su país debía arder.

Es tiempo de romper el hechizo. De dejar de vivir como si no importara. De asumir que la dignidad no es un favor ni un lujo, sino un derecho que nos corresponde por estar vivos.

Y si hay que escribir, que sea con fuego. Y si hay que caer mal, que sea por decir la verdad. Y si hay que perder algo, que no sea la conciencia.

Porque en un mundo que castiga al que cuestiona, el simple acto de no callar ya es un acto de revolución.

4. LOS TRES NOMBRES DEL FUEGO (O EL ÚLTIMO POEMA)

Dicen que hubo una vez un hombre que amó tanto, que olvidó al mundo. En su pecho, el amor se hizo llama, la llama se hizo hambre, y el hambre, herida.

En las noches sin nombre, caminaba con tres sombras: la del que desea, la del que ya no tiene a quién nombrar y la del que contempla.

Cuando murió, no dejó nada, excepto unos versos tallados en piedra:

Deseé como un lobo la luna escondida,
con furia, con hambre, con piel compartida.

Perdí como el río que olvida su fuente,
llorando en silencio, rugiendo en mi mente.

Amé como aman los astros al cielo,
sin manos, sin cuerpo, sin tiempo ni duelo.

Estos son mis cantos, mis ruinas, mi castigo:
el amor que me alza, el deseo que induce,
y el adiós que consume lo que me conduce.

Y una carta, con tres poemas.

I.   Lo que arde

Hundido en el eco de un pulso en tu cuello,
me arrastro en la fiebre de un goce perfecto,
cada gesto tuyo me exilia y me hace destello.
Lo callo, lo pido,
lo bebo, lo muerdo, lo dejo perdido,
me quemo en tus formas sin haberlas sido.

Tu aliento es abismo que roza mis ansias,
tu aroma: un veneno que invita a caerme,
tu piel es el templo de todas mis ansias.
No puedo tenerme,
no quiero soltarme, no intento esconderme,
te arranco del mundo con solo quererme.

Soy fiera que acecha tu sombra y tu sueño,
la noche me ciñe si nombras mi miedo,
y el tacto se vuelve delirio pequeño.
Te busco en mi canto,
te toco en lo incierto, te grito en lo tanto
que en nombre del fuego me arrastro y me planto.

¿Quién hizo tus curvas tan llenas de furia?
¿Quién puso en tus muslos la ley del deseo?
¿Quién traza en tu vientre la ruta y la injuria?
No hay cielo testigo,
ni nadie que pueda juzgar lo que sigo:
soy sombra que toma, soy todo tu abrigo.

II.   Lo que ya no vuelve (o lo que se llevó la muerte)

La silla aún respira tu forma en la niebla,
el vaso recuerda tus labios vencidos,
mi pecho aún repite la fiebre que entiebla.
Tus pasos perdidos,
mis ojos partidos,
y un eco que clama lo que no han sido.

Las flores se pudren sin verte a su lado,
la escarcha pregunta por qué no regresas,
el mundo parece dormir desarmado.
Ni suenan promesas,
ni quedan certezas,
ni hay luna que alumbre las viejas piezas.

Tu nombre resuena sin voz en la casa,
las puertas se abren sin manos que toquen,
la ausencia se sienta y mi carne la abraza.
Las horas no choquen,
los muros no invoquen,
que el alma se quiebra sin que la rocen.

El aire me besa con labios de hielo,
me habla de ti, pero no con tu risa,
y el sol ya no sube: se arrastra en el suelo.
Nadie me avisa,
nadie cicatriza,
y el cielo se quiebra si tu nombre pisa.

No hay rito, ni fuego, ni verso que baste,
no hay nada que alivie lo que fue perderte.
Te fuiste, y el tiempo no sabe pensarte.
Mi voz ya no alcanza,
mi fe no lo entiende,
y el mundo se quiebra si, de la muerte... no vuelves.

III. La luz que no se apaga (o amor eterno)

A tu sombra de fuego me postro en la bruma,
brilla el mármol de estrellas que surca tu frente,
la noche en tus ojos murmura y rezuma.
Tu verbo es un puente,
mi pecho, su cumbre doliente,
y el mundo, un murmullo sin norte aparente.

Tu andar no es andar: es un rito que arrulla,
una danza de esferas, un himno que quema,
un fulgor que al abismo lo obliga a hacer bulla.
Ni el tiempo blasfema,
ni el alba lo teme ni el eco lo gema,
si rozas el aire con voz de poema.

En tu piel se derriten las lunas dormidas,
se despiertan los cantos que nadie pronuncia,
y el alma se rinde sin guerras vencidas.
Eres la renuncia
de toda penumbra que el miedo anuncia,
eres la promesa que nunca se enuncia.

Eres más que el amor, que la sangre y la suerte,
eres cifra de cielos que nunca caducan,
eres luz que seduce a la misma muerte.
Tus gestos educan,
tus gestas convocan, tus pasos inauguran
el fin de las formas que el mundo suturan.

Ni el universo logra a nombrar tu encanto,
ni el ser más puro podría imitarte;
fuiste creada en un soplo de llanto.
No osaron llamarte,
no intentan pensarte, no pueden soñarte,
y el todo se oculta al contemplarte.

IX. EPÍLOGO

No hay aplausos después del abismo. Solo silencio.
El mismo que escuché mientras escribía.
El que ahora te dejo.

Terminé este libro muchas veces. Ninguna fue real.
Porque no se termina lo que aún sangra.
Solo se aprende a sangrar más despacio.

Ataraxia no cierra. Se disuelve.
Como un sueño del que uno despierta con un grito aún en la boca.
Como una carta que nunca se envió, pero igual cambió algo.

Algunos me preguntaron por qué no expliqué más.
Por qué dejé frases rotas, símbolos sin leyenda, pasajes en lenguas que no
todos entienden.
Y la verdad es que ni yo las entendí del todo.
A veces, solo fui el médium. El papel.
La cicatriz que aprendió a escribir.

Otros me dijeron:
"No entendí todo, pero lo sentí".

Y ese es el mejor elogio que puede recibir un libro como este.

Quien necesita que todo se entienda, no ha sentido lo suficiente.
Aquí no vine a dar respuestas.
Vine a escribir heridas.
Y que cada quien las lea con su propio dolor.

En estas páginas hay muerte, sí. Hay deseo roto.
Pero también hay amor.
El amor raro. El que no se dice. El que espera sin pedir.
El que queda en el aire después de que alguien se va.
El que late en el poema que no escribiste, pero reconociste.

Escribí esto sin pensar en editores ni premios.
Lo escribí para mí. Para quien fui. Para quienes imaginé, lejos de cualquier
realidad. Para quien no soy.

ATARAXIA!

Pero si tú, lector, te viste en alguno de estos fragmentos —aunque sea en un destello—
entonces este libro ya no es solo mío.

Ahora es nuestro.

Guárdalo. Quémalo. Cópialo a mano.
Léelo en voz alta en un cementerio o en una cama vacía.
Déjalo en el metro. O pásalo a quien aún no sabe cómo pedir ayuda.

Y si alguna vez sientes que no queda nada,
abre una página al azar.
Quizás ahí estés.

Este libro no salva. Pero acompaña.

Gracias por llegar hasta acá.
Nos veremos en el próximo susurro.
O en la próxima herida que se atreva a hablar.

—XSANZK
En el año en que los cuervos aprendieron a mentir.

X.   SOBRE ESTE LIBRO

1. Proceso Evolutivo

Este libro es el resultado de más de 15 años de trabajo. Su escritura ha sido un proceso largo, profundo y evolutivo, en el cual cada palabra refleja un desarrollo personal y artístico continuo. Fue escrito en Santiago, Chile, y el trabajo se completó en abril de 2025.

2. Licencia Creative Commons

Este libro está licenciado bajo la licencia Creative Commons Attribution - ShareAlike 4.0 International. Esto significa que puedes copiar, compartir, imprimir, modificar y distribuir el contenido, siempre que mantengas el nombre del autor (XSANZK) y cites el sitio web www.a-taraxia.org. Sin embargo, las modificaciones deben ser compartidas bajo la misma licencia. En resumen, puedes compartirlo y modificarlo, pero siempre respetando la autoría.

3. Sin Editoriales Comerciales

Para preservar la libertad creativa y el espíritu de Creative Commons, este libro no ha contado con la intervención de editoriales comerciales. Esta decisión permitió que la obra fuera lo más fiel posible a su propósito original, respetando la integridad del mensaje y la independencia del autor.

4. Apoyo a Quienes Necesitan Ayuda

Si alguna vez te encuentras enfrentando pensamientos oscuros o suicidas, recuerda que no estás solo. Hay recursos disponibles para ayudarte a superar estos momentos difíciles. Para obtener apoyo, por favor visita el siguiente enlace: https://988lifeline.org, o llama a uno de los siguientes números:

Chile:
- Salud Responde – 600 360 7777
- Teléfono de la Esperanza – 717 003 717
- Fono Salud Mental – 800 914 800

Argentina:
- Línea 135 (Buenos Aires) o 0800 345 1435 (todo el país)

España:
- 024 – Línea de Atención al Suicidio (gratuita y 24/7)

México:
- SAPTEL – 800 472 7835
- Locatel CDMX – 55 5658 1111

Estados Unidos:
- National Suicide & Crisis Lifeline – 988

Colombia:
- Línea 106 – Bogotá
- Línea 192 opción 4 – Salud mental nacional

Otros países:
- Visita https://www.befrienders.org para encontrar líneas de ayuda en tu región.

5. Sitio Web Oficial

Para más información sobre el autor, actualizaciones y otros trabajos relacionados, visita el sitio web oficial de este proyecto: www.a-taraxia.org

6. Reflexión Final

Este libro no es solo una obra literaria; es una invitación a explorar las profundidades del ser humano y a reflexionar sobre las emociones más profundas que nos definen. Está pensado para aquellos que buscan respuestas, pero también para quienes desean abrazar la incertidumbre con valentía. Como el propio título sugiere, Ataraxia es un viaje hacia la paz interior a través de las contradicciones del caos y la calma.

XI. GLOSARIO DE TÉRMINOS

Compilado por Malik Ibn Asrar

Este glosario no fue escrito por el autor.
Es una recopilación externa de términos, símbolos y nombres utilizados en la obra, orientada a facilitar la interpretación sin anular su ambigüedad.

— Por *Abu al-Kitab*

1. Introducción: Desvelando los Paisajes Interiores de "ATARAXIA!"

Este glosario se presenta como un compañero esencial para los lectores que se embarcan en el profundo viaje ofrecido por "ATARAXIA!". Su propósito es iluminar las intrincadas capas de significado tejidas a lo largo del texto, enriqueciendo tanto la comprensión como la apreciación de su narrativa singular. La obra, según la descripción del propio autor, constituye "un testimonio de esa constante búsqueda, el reflejo de un corazón errante que explora las profundidades del caos, la calma, la luz, y la oscuridad". Este compendio de términos servirá como una guía a través de estos complejos "paisajes interiores".

La naturaleza de "ATARAXIA!" trasciende las fronteras de los géneros convencionales, fusionando la indagación filosófica, conceptos teológicos, folclore cultural, introspección psicológica y crítica social. Los términos definidos aquí provienen de campos diversos, lo que refleja la rica amalgama de influencias del autor. La elaboración de un glosario tan multidisciplinario subraya la ambición del autor: explorar las experiencias humanas universales de sufrimiento y paz a través de una lente que integra la sabiduría ancestral, las tradiciones espirituales y las luchas contemporáneas. Esto sugiere una visión holística de la condición humana, donde los reinos espiritual, mental y social están intrínsecamente ligados. La diversidad de los términos no es casual; el autor entrelaza deliberadamente estos dominios, demostrando cómo conceptos dispares interactúan para formar el mensaje central del libro. Por ejemplo, se observa cómo un concepto filosófico como la Ataraxia se persigue a través de prácticas espirituales islámicas, o cómo la angustia psicológica se exterioriza como demonios folclóricos. Este enfoque interdisciplinario es una característica fundamental de la obra misma, y el glosario, al mapear estas conexiones, ofrece un comentario meta sobre la metodología y la cosmovisión del autor, sugiriendo que una verdadera comprensión de la condición humana requiere integrar el conocimiento de múltiples campos.

2. Glosario de Términos

Ataraxia

La Ataraxia es un estado de serena calma y liberación de la perturbación o la preocupación, a menudo buscado en la filosofía griega antigua como el estado ideal de existencia. En "ATARAXIA!", este concepto es central, representando el objetivo final del tumultuoso viaje descrito en el libro. El signo de exclamación en el título "ATARAXIA!" sugiere una consecución dinámica, quizás arduamente ganada, de este estado, en contraste con una calma pasiva. La sección final, también titulada "ATARAXIA", lo describe como "el fin del caos, el renacer de lo que nunca fue". Originada en el epicureísmo y el estoicismo, la Ataraxia enfatiza la tranquilidad interior y la ausencia de agitación emocional. Sin embargo, la narrativa del libro presenta un camino hacia la Ataraxia que atraviesa "el fulgor, el terror, el caos, el abismo y la paz", lo que indica que esta paz no se logra evitando la turbulencia, sino enfrentándola e integrándola.

El autor redefine la Ataraxia no como una ausencia de lucha, sino como un estado alcanzado a través de ella. Se trata de una reconciliación activa, incluso violenta, con el caos y el terror, lo que sugiere que la verdadera paz no es un punto final estático, sino un equilibrio dinámico hallado en la integración de todas las experiencias de la vida, incluso las más perturbadoras. Esto transforma el concepto filosófico en una experiencia vivida y visceral dentro de la narrativa, desafiando las nociones convencionales de paz y bienestar, y sugiriendo que la comprensión y la aceptación profundas solo pueden surgir del enfrentamiento con los miedos y las turbulencias más íntimas.

Al-Malak (El Rey / El Ángel)

En la tradición islámica, "Al-Malak" puede referirse a un ángel (del árabe *malak*, que significa mensajero) o, cuando se refiere a Dios, a "Al-Malik" (El Rey/Dueño del Dominio). El término "AlMalak" aparece en el poema "El Sepulcro", donde "el AlMalak se apareció ante mi dejándome casi sin habla, y me maldijo entregándome el destino en la mano izquierda". Este contexto sugiere una figura angélica, posiblemente Azrael, dadas las temáticas de muerte y destino. "Al-Malik" es uno de los nombres de Allah, que significa Su soberanía absoluta y control sobre toda la creación. Los ángeles (malā'ikah) son mensajeros divinos. La raíz *m-l-k* se relaciona con atar y sujetar, lo que implica poder y control. Este doble significado (ángel/Rey) enriquece el encuentro, implicando un decreto divino entregado por una entidad poderosa.

La utilización de "AlMalak" por parte del autor difumina la línea entre el decreto divino de Allah (Al-Malik) y el mensajero angélico (malak) que lo ejecuta. El ángel "maldijo entregándome el destino en la mano izquierda", lo que implica una imposición directa e inquebrantable del destino. Esto sugiere que el destino no es solo un concepto, sino una fuerza activa, casi física, entregada por un agente divino poderoso y, quizás, aterrador. La "mano izquierda" a menudo conlleva connotaciones negativas en muchas culturas, lo que refuerza la idea de un destino duro o no deseado. Esto enfatiza la naturaleza ineludible de la voluntad divina y la predestinación dentro de la narrativa del libro, posicionando al individuo como sujeto a un orden cósmico que puede ser tanto aterrador como absoluto, incluso frente al sufrimiento.

Alqarinah (Qarinah)

En las tradiciones de Oriente Medio, una "Qarinah" es un "demonio de la parturienta" femenino. No debe confundirse con "Qareen", que es un doble espiritual. Se menciona en "El Sepulcro" como una posible identidad de una figura femenina seductora y violenta: "Descendiente de Lilim o de una Alqarinah". La Qarinah se distingue del Qareen, que es un doble espiritual o compañero. La Qarinah ataca específicamente a recién nacidos y mujeres embarazadas, a menudo asociada con la mortalidad infantil y culpada por las "muertes injustas" de niños. Esto contrasta con las Lilim, que también atacan a niños, pero son más ampliamente seductoras y vampíricas.

La elección del autor de vincular la figura femenina violenta y seductora en "El Sepulcro" con "Lilim o de una Alqarinah" es significativa. Mientras que las Lilim son demonios seductores en un sentido amplio, la inclusión específica de Alqarinah, conocida por atacar a los niños, conecta sutilmente esta figura de deseo destructivo con el tema omnipresente de la inocencia perdida y la muerte infantil a lo largo del libro. Esto implica que la "violencia desarraigada de conciencia" y los "carnales deseos" perpetrados por esta figura no son solo transgresiones físicas, sino que también conllevan el peso simbólico de la destrucción de la inocencia, reflejando el trauma de la pérdida infantil retratado en otras partes de la obra. Esta conexión profundiza el horror psicológico, sugiriendo que los aspectos destructivos del deseo pueden ser tan devastadores como el daño físico directo, particularmente cuando se vinculan con la vulnerabilidad de los niños y el profundo dolor de los padres.

Anti qad sahartini bi ghana'ik Shahwa... āhat...

...آهات ...شهوة بغنائكِ سحرتني قد أنتِ

Esta frase árabe se traduce como "Tú me has hechizado con tu canto. Deseo... gemidos...". Aparece en "Un Cuento Feliz", un poema que entrelaza imágenes tiernas y oníricas con matices más explícitos y violentos. Esta frase, incrustada en un poema sobre una "historia feliz" que rápidamente se transforma en imágenes inquietantes ("uñas afiladas en mi espalda", "manos húmedas entre tus piernas"), sirve como una interrupción abrupta y casi discordante. El uso del árabe sin traducir añade una capa exótica, quizás prohibida, a los temas eróticos y violentos.

La inclusión de esta frase árabe sin traducir, especialmente su contenido ("Lujuria/deseo... suspiros/gemidos..."), actúa como una expresión directa y cruda del deseo primal que atraviesa las descripciones más poéticas o oníricas. Su naturaleza no traducida inicialmente la convierte en un susurro "secreto", pero una vez definida, revela una capa más profunda y visceral del mundo interior del hablante. Esto resalta el contraste entre la fachada de la "historia feliz" y los impulsos subyacentes, a menudo perturbadores. El cambio al árabe también podría simbolizar un descenso a un reino de emoción más primal, menos racional o incluso "prohibido", lo que refleja el "alma tumultuosa" del libro. Esta técnica subraya la exploración del autor de los deseos ocultos, el subconsciente y las verdades a menudo incómodas que yacen bajo la superficie de realidades aparentemente agradables, insinuando la complejidad y las contradicciones de la emoción humana.

Ayat

En el Corán, un "āyah" es un "verso", pero en un contexto lingüístico más amplio, significa "evidencia", "señal" o "milagro". Se utiliza en "¡YA UMMAH!" en el contexto del sufrimiento en Gaza: "Que cada niño sepultado con una bandera es un ayat que les grita desde la tierra". Aunque comúnmente se entiende como un versículo coránico, su significado más amplio como "señal" o "milagro" es crucial aquí. En el Islam, los fenómenos cósmicos, la creación del universo e incluso las recompensas de la creencia o el destino de los incrédulos pueden considerarse *ayat*.

Al referirse a cada niño sepultado como un "ayat", el autor eleva su muerte más allá de la mera tragedia, convirtiéndola en una "señal" o "evidencia" profunda y divinamente enviada de injusticia, así como un llamado a la acción. Esto implica que el sufrimiento en Gaza no es solo una cuestión política, sino una crisis moral y espiritual, un mensaje directo de Dios a los "pueblos árabes" y "naciones musulmanas" sobre su inacción. Transforma a las víctimas en símbolos sagrados, exigiendo reconocimiento y respuesta. Este uso impregna el comentario político de un profundo peso espiritual, instando a los lectores a ver las crisis humanitarias no solo como eventos noticiosos, sino como desafíos morales profundos con consecuencias espirituales, conectando la lucha terrenal por la justicia con un ajuste de cuentas divino.

Azrael

En el Islam, Azrael (Malak al-Maut) es el ángel de la muerte, encargado de separar las almas de los cuerpos. Aparece en "Invierno" donde el narrador, después de bailar con su amor fallecido, siente una "profunda y aguda puntada" y "Azrael susurró mi nombre", lo que lleva a su propia muerte y reencuentro con ella. También se le menciona en el sermón de Kishk. Azrael es representado como una figura cósmica con vasto conocimiento, que se encuentra entre el cielo y el infierno. Sabe cuándo morirá una persona cuando una hoja con su nombre cae de un árbol bajo el trono de Dios. Aunque a menudo se le ve como una figura sombría, su función es facilitar la transición de las almas y consolar a los afligidos.

La representación de Azrael en "Invierno" no es la de un segador aterrador, sino casi la de un mensajero benevolente y predestinado que propicia un reencuentro deseado. La "puntada" y el susurro de su nombre no son agonizantes, sino una "señal esperada". Esto transforma la muerte de un final temido en una liberación anhelada y un camino hacia la conexión eterna, particularmente para aquellos que sufren un dolor inmenso. El poema reformula el miedo tradicional a la muerte en una aceptación, incluso una bienvenida, de ella como un medio para trascender el sufrimiento terrenal y reunirse con un ser querido perdido. Esto refleja una profunda aceptación de la mortalidad, no como una aniquilación, sino como una transición necesaria dentro de un marco espiritual más amplio, ofreciendo consuelo frente a una pérdida insoportable y sugiriendo que el amor puede trascender los límites de la vida y la muerte.

Barzaj

En el Islam, "Barzaj" es una palabra árabe que significa "obstáculo", "impedimento", "separación" o "barrera". Denota una fase o "etapa" entre la muerte de un individuo y su resurrección en el Más Allá, donde las almas descansan hasta el Día del Juicio. Aparece en el poema "BARZAJ" como una súplica directa a Dios por compasión antes de entrar en este estado, y en "Cuando Supe Que Vendrías" como un lugar de espera infinita antes del reencuentro. También se utiliza metafóricamente en "Engaño" como una "grieta en la estructura misma de lo que separa la vida y la muerte", un "infierno que no quema, pero consume". Barzaj es un espacio liminal, un "istmo" entre el Mundo de los Cuerpos Corpóreos y el Mundo de los Espíritus, un medio de contacto entre ambos. Puede ser un lugar de sufrimiento para los pecadores ("Azaabul-Qabr") o de bendiciones para los fieles ("Tan'eemu Ahlit-Taa'ah Fil Qabr").

El uso dual de "Barzaj" por parte del autor es sumamente significativo. Aunque reconoce su significado teológico como un estado intermedio para las almas, el texto en "Engaño" lo transforma en una poderosa metáfora de un "infierno" o "prisión" psicológico de la mente inconsciente ("el infierno del engaño, de la locura, de la cárcel del inconsciente que parece eterno entre el sueño y el despertar"). Esto implica que el tormento del Barzaj puede experimentarse en vida a través de la angustia mental, difuminando las líneas entre la escatología espiritual y los estados psicológicos internos. La "grieta en la estructura misma de lo que separa la vida y la muerte" sugiere una ruptura de la realidad percibida, donde el sufrimiento del más allá ya se manifiesta en el presente. Esto profundiza la exploración del libro sobre la salud mental, sugiriendo que el sufrimiento psicológico puede ser tan profundo e ineludible como un purgatorio espiritual, y que los límites entre la vida, la muerte y el más allá son menos rígidos de lo que comúnmente se percibe, particularmente para un alma atormentada.

Baudelaire, Charles

Charles Baudelaire fue un influyente poeta, traductor y crítico literario y artístico francés del siglo XIX, conocido por *Las flores del mal* y su exploración de la alienación urbana, la decadencia y la melancolía, a la que denominó "spleen". Se le menciona en "Impulsos" con la línea "Sin ahogarlo como Baudelaire en el alcohol — vicio maldito de los débiles...". La vida de Baudelaire estuvo marcada por la extravagancia, el consumo de drogas (hachís y opio), las deudas y los intensos estados de "spleen" (melancolía y desesperación). Su obra a menudo se adentró en los aspectos más oscuros de la naturaleza humana y la vida urbana.

La referencia directa a Baudelaire y su lucha contra el alcohol ("vicio maldito de los débiles") no es simplemente una alusión, sino un diálogo intertextual. El autor posiciona su propia lucha contra los "demonios" internos (ansiedades/impulsos personificados) en contraste con el método de afrontamiento de Baudelaire. Esto sugiere un reconocimiento de temas compartidos de melancolía y autodestrucción con el poeta simbolista, pero también una elección consciente por parte del narrador de buscar un camino diferente o de condenar ese "vicio" en particular. El poema "Impulsos" en sí mismo describe un caótico torrente de impulsos violentos y autodestructivos, lo que convierte la referencia a Baudelaire en un reconocimiento directo del linaje literario de tal introspección oscura. Esta conexión literaria enriquece la profundidad psicológica del texto, invitando a los lectores familiarizados con Baudelaire a reconocer la naturaleza perdurable de la angustia existencial y las diversas, a menudo destructivas, formas en que los seres humanos intentan afrontarla. También posiciona sutilmente la obra del autor dentro de una tradición de exploración de las "flores del mal" o los aspectos más oscuros de la psique humana.

Cerberus

En la mitología griega, Cerberus es el perro de múltiples cabezas que guarda las puertas del Inframundo, impidiendo la salida de los muertos. Se le menciona en "Impulsos": "Abrir las camas de mármol; eternas, impenetrables, donde Cerberus es al fin olvidado, con sus ojos E: blancos, y su hálito como dos botones A: rojos." Cerberus suele representarse con tres cabezas, una cola de serpiente y serpientes que sobresalen de su cuerpo, siendo descendiente de Tifón y Equidna. Su función es mantener a los vivos fuera y a los muertos dentro.

La frase "donde Cerberus es al fin olvidado" es una poderosa inversión del papel del guardián mitológico. Sugiere un estado más allá del Inframundo convencional, un lugar donde incluso el guardián más feroz de los límites de la muerte pierde su relevancia. Las "camas de mármol; eternas, impenetrables" podrían simbolizar un lugar de descanso final e inquebrantable, o quizás un estado de ser tan profundo que las reglas habituales de la vida y la muerte, custodiadas por Cerberus, ya no se aplican. Esto implica una forma más profunda y absoluta de muerte o trascendencia, donde el alma no solo está contenida, sino que está completamente fuera del alcance incluso de los guardianes mitológicos. La críptica descripción de "ojos E: blancos, y su hálito como dos botones A: rojos" añade un desapego surrealista, casi clínico, a este estado último. Esta alusión insinúa un deseo de cese completo de la lucha, una paz tan absoluta que elude incluso a los guardianes mitológicos del más allá, sugiriendo un anhelo por un estado más allá de la comprensión convencional de la existencia y la no existencia.

Chucao

El Chucao (*Scelorchilus rubecula*) es una especie de ave que se encuentra en los bosques templados y húmedos del centro de Chile y la Argentina adyacente, conocida por su fuerte canto. Se le menciona en "El Sepulcro" como: "El canto fantasmagórico de los chucaos anunciaba la muerte del magrib y la llegada de la oscuridad". Los Chucaos suelen habitar matorrales de bambú *Chusquea* dentro de bosques de *Nothofagus*. Su vocalización se describe como un "fuerte canto".

El Chucao, un ave real del paisaje chileno, está imbuido de un peso simbólico. Su canto "fantasmagórico", más que un sonido natural, se convierte en un presagio ominoso, señalando la transición del Magrib (la oración del atardecer, que marca el fin del día) hacia una oscuridad profunda. Esto transforma un detalle regional específico en un símbolo universal de una fatalidad inminente o de un descenso a un estado de ser más perturbador. El mundo natural refleja y amplifica la agitación interna. Esto resalta la capacidad del autor para arraigar temas universales de desesperación y transición en imágenes específicas y culturalmente resonantes, haciendo que el paisaje interno del alma sea inseparable del mundo externo y físico.

Creative Commons Attribution- ShareAlike 4.0 International (CC BY-SA 4.0)

Esta es una licencia de derechos de autor pública que permite a otros copiar, distribuir, exhibir y ejecutar la obra, así como crear obras derivadas, siempre que se dé crédito al autor, a cualquier obra derivada se distribuya bajo la misma licencia. El libro "ATARAXIA!" está explícitamente licenciado bajo CC BY-SA 4.0, lo que subraya el deseo del autor de un acceso abierto y una distribución no comercial. Esta licencia refleja una filosofía de conocimiento abierto y creatividad colaborativa, en contraste con los modelos de publicación propietarios tradicionales. El autor declara explícitamente: "Para preservar la libertad creativa y el espíritu de Creative Commons, este libro no ha contado con la intervención de editoriales comerciales".

La elección del autor de la licencia CC BY-SA 4.0 y su explícito rechazo a las editoriales comerciales no es simplemente una decisión práctica, sino una declaración profunda sobre la integridad artística y la libertad. En un libro que critica las normas sociales, el consumismo y la injusticia (por ejemplo, "Castigo", "Farándula delictual"), este modelo de publicación se convierte en un acto de "resistencia" contra la comercialización del arte y el pensamiento. Alinea la distribución del libro con su contenido temático, enfatizando la accesibilidad y la pureza del mensaje por encima del beneficio. Esta elección subraya el compromiso del autor con el poder transformador del arte y las ideas, sugiriendo que la verdadera expresión artística debe liberarse de las fuerzas del mercado, permitiendo que su mensaje resuene de manera más libre y auténtica.

Djinn (Jinn) / Djinnats

Los Djinn, o Jinn, son criaturas sobrenaturales en la creencia islámica, creadas a partir de fuego sin humo, capaces de grandes poderes. "Djinnats" es una forma plural utilizada en el texto. Aparecen en "Luna" y "Albetra", a menudo interactuando con humanos, a veces de forma malevolente, a veces con motivos complejos. También se mencionan en "Tarot" y "Engaño". Los Ifrits son un tipo poderoso y a menudo malicioso de Djinn. Pueden ser buenos, malos o ambivalentes.

Las figuras de los Djinn y los Ifrit en el libro funcionan como algo más que meros elementos folclóricos; son potentes exteriorizaciones de las luchas internas de los personajes, de sus deseos prohibidos y de las consecuencias de buscar una intervención sobrenatural. En "Luna", un Ifrit ofrece la liberación de la "monotonía monstruosa" a un precio, simbolizando el peligroso atractivo de las soluciones rápidas para una desesperación profunda. En "Albetra", el toque del Djinn conduce a una "promesa que jamás debí aceptar", representando los pactos oscuros que uno hace con sus propios impulsos destructivos o tentaciones externas. En "Tarot", el Djinn Qazfael es invocado por la "desesperación" y el "suplicar por pertenencia", lo que resalta cómo la vulnerabilidad puede abrir puertas a fuerzas malévolas, ya sean internas o externas. Esto sugiere una compleja interacción entre lo psicológico y lo espiritual, donde la agitación interna puede manifestarse como, o ser influenciada por, fuerzas "demoníacas" externas, difuminando las líneas entre la enfermedad mental, la aflicción espiritual y la elección moral.

Doki Doki Literature Club! (DDLC)

Doki Doki Literature Club! (DDLC) es una novela visual que inicialmente se presenta como un simulador de citas tierno, pero que rápidamente se transforma en un juego de horror psicológico, explorando temas de salud mental (depresión, autolesiones), metanarrativa y manipulación de personajes. Se hace referencia explícita a este juego como inspiración para el poema "Proyecciones", señalando "Re imaginación del poema "%" de Dan Salvato para DDLC." DDLC es conocido por romper la cuarta pared, manipular archivos del juego y representar a personajes que experimentan una grave angustia mental, incluido el suicidio de Sayori. Dan Salvato es su creador.

Al hacer referencia directa a DDLC y a su creador, Dan Salvato, el autor señala una capa metanarrativa en "Proyecciones" y, posiblemente, en todo el libro. Los temas de DDLC, como la manipulación de personajes, el colapso psicológico y la difuminación entre el juego y la realidad, reflejan la exploración del libro sobre la disociación, los pensamientos intrusivos ("Sal de mi cabeza") y la sensación de estar atrapado en un ciclo de sufrimiento ("el infierno del engaño... donde despiertas. Y despiertas. Y despiertas. Pero nunca sales"). El poema "%" de DDLC está asociado con la depresión y el suicidio de Sayori , lo que vincula directamente "Proyecciones" con las advertencias explícitas del libro sobre contenido sensible y sus temas omnipresentes de ideación suicida. Este vínculo intertextual invita a los lectores familiarizados con DDLC a interactuar con "ATARAXIA!" a un nivel más profundo y consciente, reconociendo la naturaleza construida de la realidad (tanto en el juego como, quizás, dentro de la mente del personaje) y el profundo impacto de las luchas de salud mental en la percepción y la existencia. Sugiere que los "demonios" no son solo externos, sino también internos, capaces de manipular los propios pensamientos y percepciones.

Esclerófilo (Bosque Esclerófilo)

Un bosque esclerófilo es un tipo de bosque nativo caracterizado por árboles de hojas duras adaptados a veranos calurosos y secos, común en climas mediterráneos. El "Bosque Panul" se identifica como un "bosque esclerófilo nativo" en Santiago, Chile. Estos bosques son cruciales por sus beneficios ambientales, como la purificación del aire y la regulación de la temperatura en ciudades como Santiago. Contienen especies de árboles específicas como el Quillay, el Litre, el Peumo y el Espino.

La descripción detallada del "bosque esclerófilo" en la narrativa de Panul no es un mero detalle geográfico. El término "esclerófilo" en sí mismo, que significa "de hojas duras", implica resiliencia y adaptación a condiciones difíciles. Este tipo de bosque, que "limpia el contaminado aire santiaguino" y "regula la temperatura" , sirve como un testigo silencioso y duradero de las atrocidades humanas (la masacre de Lo Cañas, el doble suicidio) que ocurren dentro de sus límites. La fuerza inherente y las propiedades vitales del bosque contrastan fuertemente con la crueldad y la desesperación humanas, resaltando la naturaleza perdurable del mundo natural frente a la violencia humana fugaz, pero devastadora. Esto sugiere que, si bien el sufrimiento humano es profundo, existe una resiliencia persistente, casi indiferente, en la naturaleza. El bosque, a pesar de ser un lugar de trauma, continúa sus funciones ecológicas, quizás ofreciendo un sutil comentario sobre la posibilidad de curación o la insignificancia del sufrimiento individual frente a los ciclos naturales.

Firdaus

En el Islam, "Firdaus" es el término literal para "paraíso" y designa el nivel más alto del cielo. Aparece en "Cuando Supe Que Vendrías" como el destino final para el reencuentro con un hijo perdido: "en las ninfeáceas eternas, en las albuferas cristalinas del Firdaus, con tu carita de niña...". Firdaus es un lugar de inmenso placer, descrito con manantiales que fluyen y abundantes frutos.

La invocación de "Firdaus" es una poderosa expresión de esperanza y consuelo ante una pérdida inimaginable (la muerte de un hijo). Transforma el concepto abstracto de paraíso en un reencuentro concreto y anhelado, proporcionando un ancla espiritual para el dolor del narrador. Las imágenes de "ninfeáceas eternas" y "albuferas cristalinas" pintan un cuadro vívido de una vida después de la muerte serena y hermosa, que contrasta directamente con la "oscuridad" y el "abismo" del sufrimiento terrenal. Esto sugiere que la paz última (ataraxia) no es solo un estado interno, sino un destino divinamente prometido, una curación trascendente para las heridas más profundas. Esto resalta el profundo papel de la creencia religiosa en proporcionar significado y consuelo ante la desesperación existencial y la tragedia personal, ofreciendo una visión de justicia eterna y reencuentro que mitiga el dolor de la pérdida terrenal.

Ifrit

Un Ifrit es un tipo poderoso y a menudo malicioso de Djinn, criaturas sobrenaturales hechas de fuego sin humo, que poseen inmensas habilidades mágicas y fuerza sobrehumana. Aparece en "Luna" ofreciendo a una mujer una transformación a un precio, y en "El Sepulcro" donde uno se le aparece al narrador, entregando un mensaje críptico ("ALFAKHR HU FI AISTIQLAL ALNAAS", que significa "El orgullo está en la independencia de la gente"). Los Ifrits a menudo se representan como diabólicos o infernales, habitando ruinas desoladas. Pueden ser obligados a servir a amos humanos, pero sus interacciones suelen ser peligrosas.

El Ifrit en "Luna" es una figura compleja. Ofrece a una mujer desesperada "liberara su alma" de una "monotonía monstruosa" cambiando su forma, pero a un precio: "transformándola en su esclava, jamás compañera". Esto retrata al Ifrit no solo como malvado, sino como un tentador que ofrece un pacto fáustico, una fuga superficial del sufrimiento que finalmente conduce a una forma diferente de servidumbre. En "El Sepulcro" , el pronunciamiento del Ifrit "ALFAKHR HU FI AISTIQLAL ALNAAS" ("El orgullo está en la independencia de la gente") es irónico, ya que el narrador está siendo arrastrado a un lugar de tormento. Esto sugiere que el Ifrit, incluso cuando aparentemente ofrece sabiduría o un camino, está fundamentalmente ligado al sufrimiento y la manipulación humana. El Ifrit encarna el peligroso atractivo de las soluciones radicales a los problemas existenciales, insinuando que algunos caminos hacia la "libertad" o la "transformación" conllevan costos ocultos, y que incluso el orgullo por la independencia puede ser una trampa cuando conduce al aislamiento y la desesperación.

Kishk, Abd al-Hamid

Abd al-Hamid Kishk fue un influyente predicador y erudito islámico egipcio (1933-1996), conocido por sus sermones sobre la injusticia, su enfoque espiritual de la vida y sus discursos sobre el "Fin de los Días". Se le menciona en "Culminación", que es explícitamente una "Re imaginación - Kishk, el Fin del Mundo". Kishk era conocido por sus sermones poderosos, que condenaban las condiciones sociales y la opresión de ciertos gobernantes. Enfatizó la "mayor yihad" como una lucha contra la naturaleza inferior de uno para el desarrollo moral. Sus sermones del "Fin de los Días" detallan la hora final y el Día del Juicio, incluida la secuencia de la muerte de los ángeles antes de la soberanía absoluta de Allah.

La dedicación explícita de "Culminación" a los sermones de Kishk sobre el "Fin del Mundo" es una elección poderosa. Las enseñanzas de Kishk, que combinan el despertar espiritual con una feroz condena de la injusticia y la opresión, proporcionan el marco escatológico para la crítica social del libro. La descripción detallada del fin del mundo, donde toda la creación perece ante la soberanía absoluta de Allah, sirve como un crudo recordatorio de la rendición de cuentas final. Esto vincula los temas de la decadencia social del libro (por ejemplo, "Resistencia", "Castigo") con un juicio divino, sugiriendo que las acciones humanas, particularmente las de opresión y apatía, se enfrentarán a una rendición de cuentas definitiva. Al invocar a Kishk, el autor fundamenta las críticas existenciales y sociales del libro dentro de una tradición teológica islámica específica y autorizada, ofreciendo un marco de justicia divina y verdad última que trasciende el sufrimiento temporal y las fallas humanas.

Laylat al-Qadr (Noche del Decreto)

También conocida como la Noche del Poder, es una de las noches más sagradas del Islam, que ocurre durante el Ramadán y marca la noche en que el Corán fue revelado al Profeta Muhammad (SAW). Se considera "mejor que mil meses". Aparece en "Vértice" y "Destino (Aceptación)" como la noche en que "Allah escribió" la intersección de almas y destino. Durante Laylat al-Qadr, los ángeles y el Espíritu descienden, y hay paz hasta el amanecer. Es una noche para la adoración intensa, la súplica (Du'a), el arrepentimiento (Tawbah) y la caridad (Sadaqah).

La referencia recurrente a la "Noche del Decreto" (Laylat al-Qadr) enfatiza el concepto islámico de la predestinación divina (Qadar). La idea de que las "órbitas de nuestras almas se entrelazaron en un instante eterno que Allah escribió en la Noche del Decreto" sugiere que el amor, la conexión e incluso la separación son parte de un plan divino preestablecido. Sin embargo, el poema también menciona que "cada súplica sigue viva" , lo que se alinea con la práctica islámica de la intensa *Du'a* (súplica) en Laylat al-Qadr, donde se cree que las oraciones son especialmente potentes. Esto crea una tensión sutil: el destino está escrito, pero la súplica humana aún posee un inmenso poder, lo que sugiere una interacción dinámica entre la voluntad divina y la agencia humana. Este concepto teológico proporciona un marco para comprender la aceptación ("aceptación" en el título del poema) frente a los deseos insatisfechos, sugiriendo que la verdadera paz proviene de alinear la propia voluntad con un plan divino superior, al tiempo que se reconoce el poder de la oración.

Lilim

En el folclore judío, las Lilim son los hijos demoníacos de Lilith (la primera esposa de Adán), quienes atacan a los recién nacidos robándoles el aliento vital y seducen a los hombres a través de sueños eróticos. Se les menciona en "El Sepulcro" como una posible identidad de una figura femenina seductora y violenta: "Descendiente de Lilim o de una Alqarinah". Las Lilim se describen como seductoras y mortales, capaces de drenar energía vampíricamente y de causar esterilidad o abortos espontáneos. Pueden aparecer como mujeres humanoides extremadamente hermosas.

La invocación de "Lilim" en conjunción con la figura femenina violenta y seductora en "El Sepulcro" profundiza la representación del deseo destructivo. Las Lilim, como hijas de Lilith, representan una fuerza femenina primordial, indómita y a menudo malevolente, asociada con la perversión de la vida (robando el aliento vital a los bebés, causando esterilidad). La descripción del encuentro ("saciando mi sed entre sus piernas", "violencia desarraigada de conciencia") se alinea con la naturaleza de las Lilim como súcubos y agentes de "drenaje de energía vampírica". Esto sugiere que la búsqueda del deseo desenfrenado y destructivo conduce a una pérdida de conciencia y a un descenso a un estado infernal, no solo para la víctima sino para el perpetrador. Esta referencia mitológica sirve como una advertencia sobre los peligros del deseo descontrolado y el potencial destructivo de las fuerzas primales e indomables, lo que refleja la exploración más amplia del libro sobre el "abismo" y el "caos" que pueden consumir el alma.

Magrib (Maghrib)

El Magrib, o Maghrib, es la oración del atardecer en el Islam, que marca el final del día. Aparece en "El Sepulcro": "El canto fantasmagórico de los chucaos anunciaba la muerte del magrib y la llegada de la oscuridad". La oración del Maghrib es la cuarta de las cinco oraciones obligatorias diarias. Su horario significa la transición del día a la noche.

La frase "la muerte del magrib y la llegada de la oscuridad" eleva el fenómeno natural del atardecer (Magrib) a una muerte simbólica, señalando un descenso a una oscuridad más profunda y abismal que la mera caída de la noche. Esta transición es anunciada por el canto "fantasmagórico" de los Chucaos, imbuyendo al mundo natural de una cualidad ominosa y sobrenatural. Sugiere un punto de inflexión espiritual o psicológico, donde los últimos vestigios de luz y orden (simbolizados por el tiempo estructurado de la oración) se extinguen, dando paso a un abismo abrumador. Esto enfatiza el tema recurrente del libro sobre el descenso al caos y la desesperación, utilizando un marcador de tiempo culturalmente específico para significar una experiencia universal de pérdida profunda y la naturaleza abrumadora de la oscuridad.

Mokstraumen

Mokstraumen es un poderoso sistema de remolinos y torbellinos de marea, uno de los más fuertes del mundo, ubicado frente al archipiélago de Lofoten en Noruega. Es un tipo de "maelstrom". Se le menciona en "El Sepulcro": "Pero todo era calma, excepto mi alma, como muerta en el Mokstraumen, agitándose en la nada." Un maelstrom es un poderoso torbellino, a menudo asociado con fuerzas peligrosas y caóticas.

La comparación del alma con estar "muerta en el Mokstraumen, agitándose en la nada" es una potente metáfora del profundo caos interno y la parálisis existencial. A pesar de la "calma" externa, el alma está atrapada en una violenta y autocontenida turbulencia, incapaz de avanzar o encontrar un terreno firme. Esto sugiere un estado en el que el individuo se siente abrumado por sus propios pensamientos y emociones, un maelstrom psicológico que es a la vez destructivo e ineludible, incluso en la aparente quietud. Esto resalta la profunda inmersión del libro en el "abismo" interno, donde las mayores amenazas no son externas, sino que se originan desde dentro, enfatizando la naturaleza abrumadora y desorientadora de la angustia mental.

Panul (Bosque Panul)

El Bosque Panul es un bosque esclerófilo nativo ubicado en las estribaciones de Santiago, Chile, conocido por sus beneficios ambientales y como un hito natural significativo. Es el escenario de la narrativa multipartita "Panul", que relata el asesinato de un niño y los subsiguientes eventos sobrenaturales. También se le menciona en "Rojas Magallanes" como un lugar donde el narrador "olvidé todo lo malo". El bosque está adaptado a los veranos calurosos y desempeña un papel en la purificación del aire y la regulación de la temperatura para Santiago. Es un lugar de belleza natural e importancia ecológica.

El "Bosque Panul" sirve como un símbolo dual: un lugar de crueldad y trauma humanos inefables (el doble suicidio, la masacre de Lo Cañas) y, paradójicamente, un lugar donde ocurre una profunda liberación emocional o trascendencia ("olvidé todo lo malo"). Esta dualidad sugiere que el bosque, con su naturaleza "esclerófila" resiliente, absorbe y presencia el sufrimiento humano, pero también ofrece un camino hacia el olvido o un tipo diferente de ajuste de cuentas. La narrativa implica que el propio bosque, o los eventos dentro de él, facilitan una justicia sobrenatural, difuminando las líneas entre la ley humana y la retribución cósmica. Esto resalta la exploración del libro sobre cómo ubicaciones geográficas específicas pueden imbuirse de un profundo significado emocional y espiritual, actuando como escenarios tanto para la tragedia humana como para la búsqueda de una forma superior de justicia o paz.

Qazfael

Qazfael es una entidad djinn/demoníaca específica que aparece en el contexto del poema "Tarot", aparentemente invocada por la desesperación y la necesidad de "pertenencia". El nombre aparece en "Tarot", escrito en un misterioso cuaderno, y está vinculado al regreso de un amor perdido, pero a un costo horrible (muerte, automutilación, posesión demoníaca). El texto afirma explícitamente: "Cuando se deja de buscar amor y se empieza a suplicar por pertenencia, ahí... ahí es donde Qazfael entra". Aunque no se define explícitamente en los fragmentos proporcionados, el contexto sugiere fuertemente una entidad malevolente, un "susurrador" similar a un Shaytan o Qareen, que se aprovecha de la vulnerabilidad y los deseos distorsionados. La invocación de la *Ruqya* (curación islámica) contra él confirma su naturaleza demoníaca dentro del marco islámico.

Qazfael representa el peligro insidioso de buscar "pertenencia" por encima del "amor" genuino, una observación psicológica central. La entidad se aprovecha de la desesperación del narrador por un amor perdido, ofreciendo una forma retorcida de regreso que conduce a la muerte y el horror. Esto destaca una distinción crítica: el amor genuino es saludable, pero una necesidad desesperada de pertenencia puede abrir a uno a fuerzas destructivas, ya sean externas (el demonio) o internas (autosabotaje, obsesión). La invocación de la *Ruqya* contra Qazfael sugiere que la purificación espiritual y la confianza en la protección divina son necesarias para combatir tales apegos destructivos. Este término encarna una profunda advertencia psicológica y espiritual: que los deseos distorsionados y los apegos desesperados pueden conducir a la autodestrucción y la influencia demoníaca, enfatizando la importancia de límites saludables y la resiliencia espiritual en la búsqueda de la paz.

Queltehues

Los Queltehues son aves chilenas, probablemente el Tero Real (*Vanellus chilensis*), conocidas por su distintivo canto. Aparecen en "Caminos": "mientras los queltehues recitaban, junto al oleaje, tu nombre... la más bella de las poesías." El queltehue es un ave común en Chile, a menudo encontrada en campos abiertos y cerca del agua. Su canto es muy reconocible.

La imagen de "los queltehues recitaban, junto al oleaje, tu nombre" personifica la naturaleza, convirtiendo a las aves en participantes activos del recuerdo y el paisaje emocional del narrador. Esto transforma un ave chilena común en un eco simbólico de un amor perdido, sugiriendo que el mundo natural mismo contiene y reverbera recuerdos y sentimientos personales. La "recitación" de un nombre implica una conexión profunda, casi sagrada, entre el ser amado y el entorno, difuminando las líneas entre la realidad externa y la percepción interna. Esto refuerza el tema del libro sobre la interconexión de la emoción humana, la memoria y el mundo natural, sugiriendo que incluso en la ausencia, la presencia del ser amado puede sentirse a través del paisaje.

Raulíes

Los Raulíes son un tipo de árbol (*Nothofagus alpina*) nativo de Chile y Argentina, a menudo encontrado en bosques templados. Aparecen en "Caminos": "el aroma de aquellos bosques... mientras los arrayanes danzaban eternos al compás de aquellas nubes negras..." Y en "Raulíes" : "La brisa acaricia danzante las hojas de los raulíes, sumidos en una eterna y suave melodía." Los Raulíes son árboles grandes y caducifolios, que contribuyen al carácter distintivo de los bosques templados chilenos.

Los "raulíes" no son solo árboles, sino parte de un paisaje natural idealizado, casi sagrado, donde se desarrollan la intimidad y experiencias emocionales profundas. Su "eterna y suave melodía" sugiere una cualidad atemporal a estos recuerdos de amor y conexión, convirtiendo a la naturaleza en un repositorio de momentos preciados. El contraste entre las "nubes negras" y los "indemnes parajes" implica que, incluso en medio de la agitación externa, ciertos espacios naturales y los recuerdos asociados a ellos permanecen intactos y puros. Esto enfatiza el papel de la naturaleza como santuario y espejo del alma, donde las emociones humanas profundas se amplifican y preservan, contribuyendo a la exploración del libro sobre la memoria, el amor y la búsqueda de una belleza duradera en medio de la transitoriedad.

Rojas Magallanes

Rojas Magallanes es una calle y estación de metro en Santiago, Chile, ubicada en la comuna de La Florida. Aparece en el poema "Rojas Magallanes" como parte de una secuencia de ubicaciones chilenas y sudamericanas recorridas por el narrador en busca de paz. El poema enumera una serie de ubicaciones del mundo real, que van desde una calle específica en Santiago (Rojas Magallanes, Vicuña, Av. La Florida, Tobalaba) hasta lugares sudamericanos más distantes (San Luis, Rosario, Río Uruguay, Colonia, el mar).

El viaje literal a través de Rojas Magallanes y otras ubicaciones sudamericanas sirve como una poderosa metáfora de una huida psicológica de la "tristeza y el estrés". La progresión desde calles específicas y locales hasta características geográficas cada vez más distantes y expansivas ("crucé la cordillera", "río Uruguay lo crucé nadando", "llegar al mar") refleja el viaje interno del narrador hacia el desprendimiento de cargas emocionales ("preocupaciones ya no pesaban tanto", "ya no sentía rabia ni tristeza", "olvidé todo lo malo"). El acto de correr y nadar a través de vastas distancias simboliza una manifestación física activa de la búsqueda de la paz interior, culminando en un estado de "tranquilo, en paz, sin mirar atrás". Esto ilustra cómo el acto mundano del movimiento físico puede convertirse en una profunda peregrinación espiritual y psicológica, enfatizando la conexión entre el cuerpo, la mente y el entorno externo en la búsqueda de la Ataraxia.

Ruqya

La Ruqya es un método de curación en el Islam basado en la recitación del Corán, la búsqueda de refugio en Allah, el recuerdo y la súplica, utilizado para tratar enfermedades y otros problemas. Se le menciona en "Tarot" como un medio para combatir a la entidad demoníaca Qazfael, descrita como versículos del Corán. La Ruqya implica recitar versículos específicos o nombres de Allah y es una práctica recomendada por el Profeta Muhammad (SAW). Se utiliza contra las malas sugerencias (waswas) de Shaytan/Qareen.

El uso de "Ruqya" contra la entidad demoníaca Qazfael es una afirmación directa de la agencia espiritual y la protección dentro de la narrativa. Significa que los "susurros" internos y los "demonios" externos (como Qazfael, que se aprovecha de los deseos distorsionados) no son meros fenómenos psicológicos, sino batallas espirituales que pueden librarse con fe. El acto de recitar versículos coránicos, incluso por alguien que "no seguía bien" , resalta el poder inherente atribuido a las palabras divinas para combatir las fuerzas malévolas y restaurar el "silencio limpio" interno. Esto enfatiza la importancia de la creencia y la práctica espiritual como un poderoso mecanismo de defensa contra las influencias "demoníacas" tanto literales como metafóricas, ofreciendo un camino hacia la liberación mental y espiritual.

Sirat (As-Sirāt)

En el Islam, el Sirat es el puente por el que toda persona debe pasar en el Día de la Resurrección (*Yawm al-Qiyamah*) para entrar en el Paraíso (*Jannah*). Aparece en "Cuando Supe Que Vendrías" como un cruce peligroso antes de llegar a Firdaus y reunirse con un hijo perdido: "más allá del Sirat, en las ninfeáceas eternas, en las albuferas cristalinas del Firdaus." El Sirat a menudo se describe como afilado como una navaja y difícil de atravesar, con los justos pasando rápidamente y los pecadores cayendo al infierno (Jahannam).

La mención de "más allá del Sirat" transforma el concepto islámico del puente en un poderoso símbolo de la prueba y purificación definitivas necesarias para alcanzar la paz y el reencuentro trascendentes. Para el narrador afligido, pasar el Sirat no es solo un requisito teológico, sino uno profundamente personal, una prueba necesaria para ser "dignos de encontrarte" en Firdaus. Esto sugiere que el viaje a través del sufrimiento y la adhesión a la fe son cruciales para el ascenso espiritual y la redención final, enmarcando las pruebas terrenales como preparaciones para una recompensa eterna. Esto resalta el profundo papel de la creencia escatológica en dar sentido al sufrimiento y ofrecer un camino hacia el consuelo y el reencuentro definitivos más allá de los límites de la vida terrenal.

Takbir

El Takbir es la frase árabe "Allāhu 'akbar", que significa "Allah es el más grande" o "Dios es más grande", utilizada por los musulmanes en diversos contextos, incluyendo la oración, los gritos de batalla y las expresiones de alegría, gratitud o desafío. Aparece en "Resistencia" en el contexto de la lucha en Gaza: "con el takbir en los labios y la dignidad en el pecho". El Takbir es una expresión fundamental de la fe islámica, que significa la supremacía última de Dios. Se utiliza para expresar determinación o desafío resuelto, e históricamente como un grito de victoria en la batalla.

El uso de "Takbir" en "Resistencia" es una poderosa afirmación de fe y desafío frente a la brutal opresión. Al afirmar que los mártires mueren "con el takbir en los labios y la dignidad en el pecho", el autor eleva su sufrimiento y muerte a un acto sagrado de resistencia, transformando su desaparición física en una victoria espiritual. Esto implica que la lucha en Gaza no es solo un conflicto político, sino una batalla espiritual, donde la fe proporciona la fuerza y la dignidad últimas contra probabilidades abrumadoras. El Takbir se convierte en una vocalización de la creencia inquebrantable y una negativa a rendirse, incluso hasta la muerte. Esto enfatiza la profunda conexión entre la fe, la resiliencia y la resistencia frente a la injusticia, sugiriendo que la convicción espiritual puede empoderar a individuos y comunidades para soportar y desafiar incluso las formas más extremas de opresión.

Ummah

"Ummah" es un término árabe que significa "nación" o "comunidad", refiriéndose específicamente a todo el mundo musulmán o a la comunidad global de creyentes, trascendiendo las divisiones nacionales, raciales y de clase. Aparece en "¡YA UMMAH!" como un llamado directo a las naciones musulmanas para que se unan y actúen contra la injusticia: "¡Oh, pueblos árabes! ¡Oh, naciones musulmanas!... ¡Levántense! ¡Sientan el ardor en sus gargantas!". El concepto de Ummah se remonta al Profeta Muhammad (SAW) y enfatiza la importancia de organizar la sociedad según principios éticos e islámicos, basándose en el consenso de la mente, el corazón y la acción.

La interjección directa "¡YA UMMAH!" es un ferviente llamado a la acción colectiva y a la responsabilidad moral dentro de la comunidad musulmana global. Al invocar el concepto de Ummah, el autor resalta el imperativo teológico de unidad y solidaridad contra la opresión, particularmente en el contexto del sufrimiento en Gaza. La condena a quienes "venden a sus hermanos por petróleo, tratados o migajas" subraya una crítica a la apatía política y al egoísmo dentro del mundo musulmán, contrastándolo con el ideal de la Ummah como un cuerpo unificado guiado por valores éticos e islámicos compartidos. Esto implica que la inacción frente a la injusticia es una traición a la esencia misma de la identidad musulmana colectiva, instando a un retorno a los principios fundamentales de solidaridad y justicia. Esto enfatiza el fuerte comentario social y político del libro, enmarcando los conflictos globales no solo como eventos geopolíticos, sino como fallas morales que exigen una respuesta unificada y basada en la fe.

Zopiclona

La Zopiclona es un tipo de somnífero recetado para el tratamiento a corto plazo del insomnio grave, que ayuda a las personas a conciliar el sueño más rápidamente y a evitar despertarse durante la noche. Se menciona en "Engaño" como un medicamento tomado por el narrador para inducir el sueño en medio de un insomnio severo y pensamientos disociados: "2 Zopiclonas. 2,5 mg. Necesito dormir, no aguanto más." La Zopiclona es un medicamento sedante-hipnótico.

La mención explícita de "Zopiclonas" es un detalle crudo que ancla el tormento psicológico abstracto en una realidad tangible y médica. La dependencia del narrador de este somnífero subraya la gravedad de su insomnio y disociación, revelando un intento desesperado de escapar del "infierno del engaño" y de las líneas difusas entre el sueño y la realidad. Sin embargo, el hecho de que el tormento continúe incluso con la medicación ("Necesito dormir, no aguanto más") sugiere la insuficiencia de las soluciones farmacéuticas para la angustia existencial o espiritual profunda. Destaca que el "sueño" logrado no es un verdadero descanso, sino una inconsciencia forzada que no resuelve los problemas subyacentes, lo que lleva a una confusión más profunda de la realidad. Esto enfatiza la exploración del libro sobre las luchas de salud mental, retratándolas no solo como "demonios" metafóricos, sino como condiciones profundamente debilitantes que resisten soluciones fáciles, difuminando aún más las líneas entre el sufrimiento físico, mental y espiritual.

3. Nota final

Este glosario no agota los significados. Solo traza un mapa preliminar para quien desee recorrer con más conciencia el lenguaje simbólico de *Ataraxia!*.

La interpretación queda, como siempre, en manos del lector.

— *Abu al-Kitab*

www.ingramcontent.com/pod-product-compliance
Lightning Source LLC
Chambersburg PA
CBHW051724040426
42447CB00008B/965